大是文化

美股獲利入門，睡覺時間賺遍全世界

精選 25 檔增利股，

年年發股利，
提前布局未來四騎士，
大賺價差。

超ど素人がはじめる米国株 SE SHOEISHA

不到 30 歲就靠投資美股財富自由
日本知名投資頻道 YouTuber
上本敏雅——著
李貞慧——譯

目錄

前言

第1章

全球化的紅利，你來收割

第2章

第一次投資美股就上手

第3章

第4章

錢不夠卻想買很多股票？ETF可以幫你

第5章

不想自己操盤與下單？就買基金吧！

第6章

我的懶人流投資法

推薦序
長期且被動化，投資美股最能幫你賺到自由

投資理財KOL／Elaine理白小姐

記得剛開始投資美股時，我只是一個初入社會，一隻腳才剛踏入臨床的護理師。接觸美股前，我只有「玩」過台股，為什麼說是玩呢？

有了穩定薪水後，因為不甘於平凡，想讓人生變得不同而開始自學投資台股，雖然是抱持著投資的心，卻做出像玩遊戲一般不謹慎的行為。當時我只會憑著消息面去做買賣，後來我發現這樣的行為，反而會讓我陷入迷惘；在白天上班的同時，台股正在開盤，邊照顧病人又要邊擔心市場狀況……。

因為有過這段經驗，我才發現**投資的本質，其實是要讓生活過得更自由**。每個人

的體力和時間都有限，這輩子能用時間和體力所賺的錢也有限，所以我們必須學習基本投資理財知識，讓錢不只是換取物質的代幣，而是能贖回你的健康和時間的資產，而我認為時刻盯盤的投資方式，正是違背投資本質的行為。

我衡量了自己的時間和精力，明白自己要的是「自由」，以終為始的思考後，「長期且被動化」正是最適合我的投資方式。配置好投資組合後，不用每天盯盤，只要每個月花點時間調整投資組合，對於忙碌的護理師來說真的是一大優點！

本書作者過去是一名工程師，和護理師一樣都是忙碌的職業，所以我們更重視的是被動且長期的投資方式，當我們能把投資被動化，轉為專注在能力的提升，一邊提高主動收入，一邊將一定的收入比例存到投資，就能加速被動收入累積的速度。

當你存到十萬元，將之投資到報酬率一〇%的標的裡，獲利是一萬元；存到一百萬元時，一樣投資到報酬率一〇%的標的，獲利就是十萬元。

透過本書能讓你對美股有基本認識，未來再投入市場也會更有信心，同時也能了解美股其實非常平易近人，在臺灣常見到的品牌，像是好市多（代號：COST）、可口可樂（KO）、蘋果（AAPL）等，都是美國的上市公司，另外美股也有股息再投入計畫，可以輕鬆達成複利效果！

過去的我，因為誤以為投資就是要和一堆數字、艱深的名詞交鋒而感到頭痛，但學習被動化投資美股的方式後，讓我慢慢克服了對投資的恐懼，甚至愛上投資。本書並沒有提到太多艱深的名詞和數字，甚至畫了非常多可愛的插圖來介紹美股，圖像化的呈現方式讓人更願意靠近美股，非常適合美股新手學習，並從中架構出最適合自己的美股投資方式！

作者序
我的懶人流投資法，任何人都可複製

有一陣子很流行計算退休後需要多少存款，而算出來的金額為兩千萬日圓（編按：約新臺幣四百九十萬元，一日圓折合新臺幣約〇．二五元；根據中華民國退休基金協會研究指出，以國人退休後平均約二十三年至二十五年餘命來預估，至少要準備八百萬至一千兩百萬元的退休金），一時蔚為話題。

所以，想要為自己的將來做好準備，就必須有穩定的收入來源。

有一筆儲蓄金，才可以消除退休生活的不安；創造工作以外的被動收入，更有助於生活穩定。要實現這種儲蓄和準備，最好的方法就是「投資」。

目前的投資門檻，已經低到前所未見的地步。

現在每個人都可以買賣美股，成為跨國企業的股東，獲得穩定的股息。因此，用配息支應所有生活支出，已不再是遙不可及的夢想！

本書不會提及任何有關每天進出的高難度股票投資，而是介紹如何買進美股、長期持有，然後領股息，同時增加資產金額——也就是我一直在實踐的「懶人流投資法」，任何人都可以複製這個方法，輕鬆獲利。

對大多數人而言，重點應該不在於投資本身，而在於透過投資做好準備，獲得穩定收入。

為什麼投資美股可以躺著賺？本書將為你介紹美股投資的魅力與具體方法。

前言

在家滑手機，賺進全世界

01 最適合懶人的被動投資

買美股，其實是一種可以放著賺的投資。只要買進後長期持有，自然就會賺。過去百年來美國股市的歷史就是最佳證明！

說到投資，大家會想到什麼？大多數人不外乎就是以下幾點：

- 每天緊盯股價波動和線圖。
- 頻繁殺進殺出。

還有很多人會因為「好像很難」，而遲遲跨不出那一步。

其實不用把投資美股想得太難。只要定期定額就好，既不需要緊盯著股價不放，也不需要頻繁進出。這才是適合上班族的投資方法。

大家對投資的印象……

每天必須
緊盯大盤

頻繁殺進殺出
才賺得到錢

美股其實都不用，
是最適合被動投資的標的。

與其說是投資股票，不如說「投資美國股市」才是關鍵。

近年來，被動投資越來越流行。只要每個月投資固定金額，之後就算放著不管，資產也會自然增加。而**美股就是最適合被動投資的標的**。本書將為大家簡單介紹美股的魅力與投資方法！趕快來了解一下吧。

美股的定義：

美國股市，簡稱美股，泛指美國證券交易所的股票市場，主要指標包括標普五百指數（S&P 500）、道瓊工業平均指數（Dow Jones Industrial Average）及那斯達克一百指數（NASDAQ 100 Index，以上三個指數介紹詳見第四章第四節），其中以標準普爾五百指數最具代表性。

美股主要有以下幾大交易市場：紐約股票交易所，美國證券交易所，那斯達克交易所（交易時間詳見第二章第四節）。

02 百年歷史驗證，三十年成長十倍以上

美股正是最佳投資標的！我這麼說是基於兩個理由：

1. 過去股價長期成長的實績。
2. 積極配息的策略。

美股之所以強勢，最主要的原因就是長期持續成長，與強有力的市場。從過去三十年來美股股價變化可知（請見下頁圖），雖然歷經數次震盪，但整體來看股價還是持續成長。

一九九〇年代初期，美股平均為三百二十二點，到二〇二一年底已經漲到

美股如此吸引人的理由

❶過去股價長期成長的實績
❷採取積極配息的策略

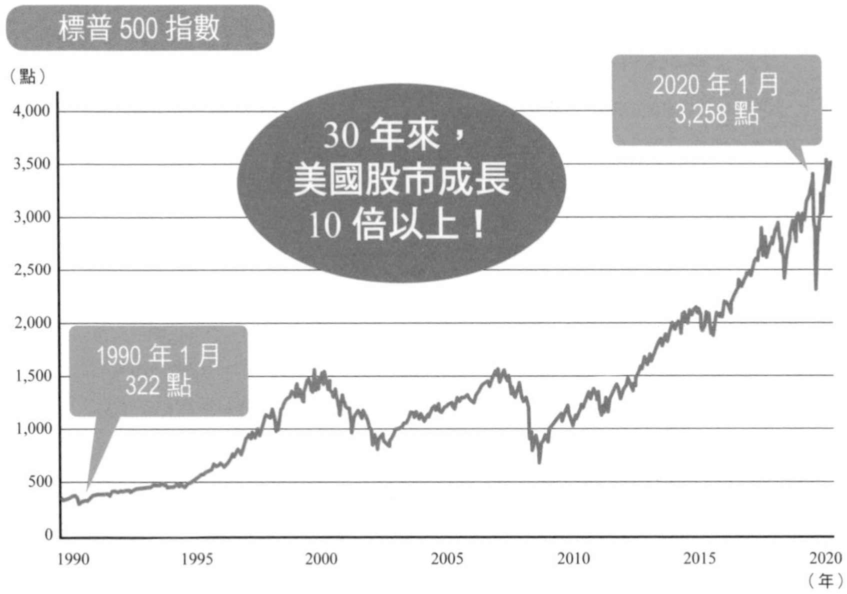
標普 500 指數
（點）
4,000
3,500
3,000
2,500
2,000
1,500
1,000
500
0
1990
1995
2000
2005
2010
2015
2020
（年）
2020 年 1 月
3,258 點
30 年來，
美國股市成長
10 倍以上！
1990 年 1 月
322 點

如果 30 年前投資 100 萬元……
現在就會變成 1,000 萬元以上！

四千六百九十六點，成長超過十倍以上。

也就是說，如果三十年前在美國股市投資一百萬元，單純以結果來看，現在就可以獲得一千萬元以上！

就算是在中間某段時間點進場，只要長期持有，依舊能獲利。這麼長期的股價成長趨勢，放眼全世界，也只有出現在美國而已。

再看看同期間的日股股價，過去三十年來幾乎持平。投資這樣的市場，很難靠被動投資獲利。不只是日本，經濟成長幅度大的中國與新興國家也一樣。

經濟成長和股價確實捆綁在一起，美國股市，就是投資人容易獲利的市場。

03 一年配息四次，麥當勞已連續配四十四年

美國人深信，公司屬於全體股東的，因此很重視購買並持有股票。股東支持企業活動，已經成為美國的文化。

正因為有此文化，穩定配息就成了投資美股的優點之一。其中還有優良企業連續六十年以上，持續穩定配息至今（詳見第一章第五節）。

因為這樣的企業多，股東才願意長期持股，股價也能因此穩定上漲。

這種股息帶來的穩定收益，稱為現金流。買美股除了投資企業的未來，同時也能獲得現金收入，換句話說，就是不勞而獲的投資。

不少美國企業不但穩定配息，而且長期越配越多，股息年年增加，麥當勞（MCD）就是其中之一。過去四十四年來，麥當勞的配息一年多過一年。二〇一七

靠配息獲利

深信公司是屬於全體股東的

回饋股東＝穩定配息
➡創造現金流

美股一年配息四次。
不受景氣與業績影響，
穩定配息加上越配越多的大企業不在少數！

【例】麥當勞（MCD） 配息金額年年增加！

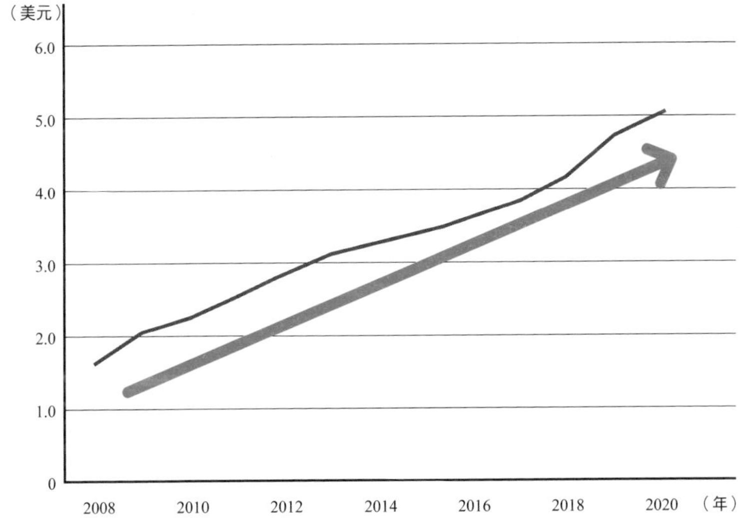
（美元）
6.0
5.0
4.0
3.0
2.0
1.0
0
2008
2010
2012
2014
2016
2018
2020
（年）

年麥當勞的配息為每股三・八三美元（編按：約新臺幣一百零六・五八元，一美元折合新臺幣約二十七・八三元），二〇二〇年為五・〇四美元、二〇二一年則為五・二五美元。

只要長期持有，能得到的金額就越來越多，這種投資實在是太吸引人了！

（編按：截至二〇二一年十二月，麥當勞股價為兩百六十八・〇二美元，配息五・二五美元，殖利率約二％。

現金殖利率〔Dividend yield〕的定義是每股股息〔現金股利〕除以每股股價，通常以百分比表示。代表把一筆錢投入股市，每年能拿回的利息。）

04 也有企業不發股息，讓你賺價差

前面說過，因為美股股價長期上漲，只要投資在市場均價，就可以輕鬆獲益。這種資產價格上漲所帶來的獲利，稱為資本利得（Capital Gain），也就是買進股票，待股價上漲就出售以賺取價差。

短期進出獲利，賺的就是這種資本利得。

美國有許多科技股，以GAFA（Google, Apple, Facebook, Amazon）的四騎士（編按：Facebook 已於二〇二一年十月二十八日改名為 Meta，其股價代號仍為 FB，本書內文沿用中文慣例翻譯「臉書」）為代表，都是靠股價上漲來回饋股東。

例如，全球最大的購物網站亞馬遜公司（AMZN），自一九九七年上市以來，從來沒有發放過股息。

相對的，它以擴大事業版圖、壯大公司，提升股價來貢獻股東。在這種策略下，

也可靠股價上漲獲利！

回饋股東＝股價上漲、資產增值
➡瞄準時機賺價差

【例】亞馬遜公司（AMZN）

雖然從不配息，但10年來股價成長18倍以上！

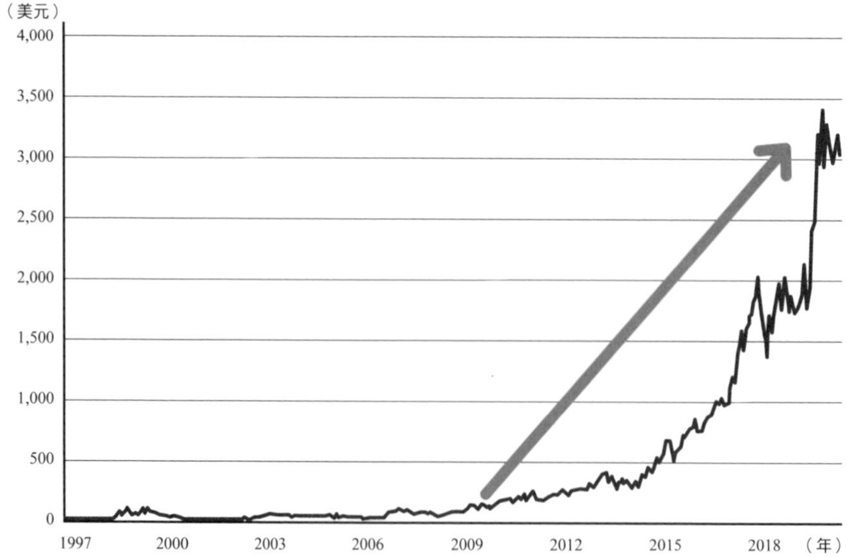

二〇一〇年十一月亞馬遜股價一百七十美元左右，到了二〇二〇年十一月竟然漲到約三千一百美元，這十年間成長了十八倍以上（編按：截至二〇二一年十二月，亞馬遜股價為三千三百三十四・三四美元）。

亞馬遜公司這種劇烈的漲幅當然是特例，但在長期呈上漲趨勢的美國股市中，要領股息，同時又要賺股價價差的資本利得，其實很簡單。

05 想學巴菲特致富？他靠美股

美國有許多靠股市致富的有錢人和資產家，其中最有名的例子就是華倫·巴菲特（Warren Buffett）。

一九四〇年代，年僅十一歲的巴菲特開始投資股票，之後近八十年靠投資美股累積大筆財富，是投資市場最重要的代表人物。長期來看，他投資的許多標的都很成功，因此也被稱為「巴菲特股」。

事實上，有不少投資人都在仿效他的投資方法。

巴菲特經營的公司是波克夏·海瑟威公司（Berkshire Hathaway，BRK.A）。眾所周知標普五百（編按：S&P 500，由一九五七年起記錄美國股市，觀察範圍達五百家上市公司）的成分股，都是足以代表美國的大企業，巴菲特的公司也是其中之一，股價甚至漲到一股三十一萬美元（編按：截至二〇二一年十二月，波克夏·海瑟威股

華倫・巴菲特

11歲開始投資股票，靠股票成為億萬富翁。

巴菲特主要持股

- 可口可樂（KO）
- 蘋果公司（AAPL）
- 美國銀行（BAC）
- 美國運通（AXP）
- 摩根大通集團（JPM）等

FIRE是什麼？

Financial Independence, Retire Early的縮寫，

意為增加資產與穩定的被動收入，得到財富自由，實現提早退休的目標！

利用美股增加資產，靠配息生活，並非夢想！

價為四十五萬一千美元）！

除了巴菲特，全球也有許多人靠美股增加資產，讓自己財富自由。

近年來很流行 FIRE 運動（Financial Independence, Retire Early），也就是靠著被動收入生活，實現提早退休的目標。而為了實現這個目標，這些人選擇的投資標的，正是美股。

06 你該投資美股的四大理由

聽到股票投資，大家可能會直覺想到自己國家的股票。不投資自家股票，轉而選擇美國市場，到底是為什麼？

1. 市場規模

美股的市場規模全球第一。日本雖然也是經濟大國，市場也夠大，但美股的市場規模是日本的整整七倍（編按：約臺灣的三十二．八倍）。

2. 股東回饋

比起美股，許多國家的企業還是欠缺拉高股價回饋股東、穩定配息等意識，因此許多個股股價長期低迷不振，或沒有穩定配息。

美國股市的規模是全世界最大！

➡全球資金聚集的場所

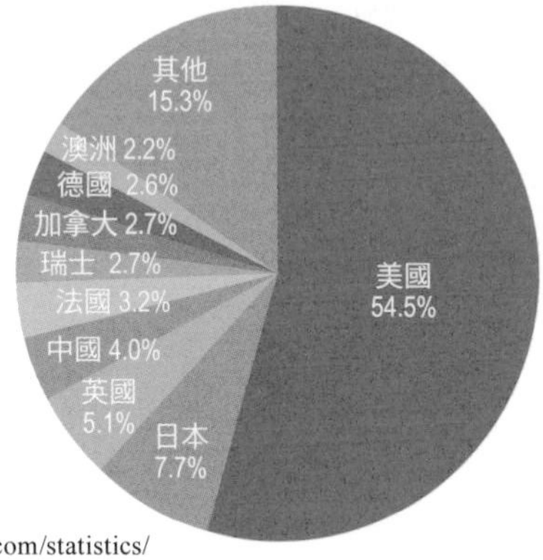
其他
15.3%
澳洲 2.2%
德國 2.6%
加拿大 2.7%
瑞士 2.7%
法國 3.2%
中國 4.0%
英國
5.1%
日本
7.7%
美國
54.5%

資料來源：https://www.statista.com/statistics/710680/global-stock-markets-by-country/。

美股股價指數的成分股都是走勢強勁的個股

例：道瓊工業指數由代表美國的 30 家公司組成

定期調整成分股，納入走勢強勁的成長企業、產業，股價指數因此更易成長

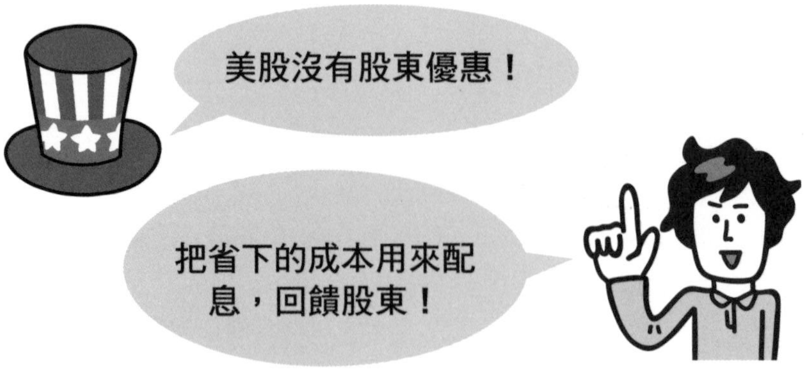
美股沒有股東優惠！
把省下的成本用來配息，回饋股東！

3.有無股東紀念品（優惠）

美股幾乎沒有企業提供股東優惠。

發送紀念品也需要成本，省下這筆錢直接配息給股東就好。

4.個股變動的頻率

美股股價指數的成分股（見第四章第四節），都是走勢強勁的企業，而且會排除衰退企業，讓指數持續成長。

07 只買一股也可以，用手機就可操作

「我知道美股很有魅力了，可是投資的門檻不是很高嗎？」很多人可能會這麼想，不過，投資美股其實很簡單。現今的投資門檻已經降得很低了。

美股可以只買一股，而投資一股最少只要準備數十美元。正因如此，才能輕鬆投資，「既然有數十美元的資金，那就來買買看〇〇的股票吧！」一開始聽起來門檻好像很高，但其實每個人都可以成為股東。

下一章將為大家仔細說明，即使是全球規模的跨國企業，只要投入一點資金，也可以成為股東並領取股息。

❶可以只買1股，
新臺幣1,000元
就能投資

❷許多券商提供免手
續費服務

※見第二章第五節

❸用手機就可以輕鬆
操作

近年來，投資美股越來越簡單了！

近年來交易環境越來越友善，用手機就可以輕鬆買賣美股。

以手機 App 來說，大型網路券商樂天證券、SBI 證券都有提供相關服務（編按：臺灣讀者可參考附錄開戶流程）。

因為這些方便的工具，現在真的是最適合投資美股的時代了！

08 全中文頁面操作！個股簡介也有中文

一說到買美股，很多人擔心：「我不會英文耶，這樣真的沒問題嗎？」如果是投資美股，這還真不是問題，就算完全不懂英文，也可以於券商網站全日文（臺灣也有全中文）的環境下購買美股。

投資人完全不用讀英文規章，也不需要用英文交流，可以放心交易。

唯一需要用英文的地方，是記住投資標的個股名稱，也就是由英文字母組成的股票代號。

而因為投資美股的人變多，網路上的資訊也越來越豐富，部落格、推特、YouTube等各種媒體上，都有很多人交流訊息。

只要搜尋個股名稱，就可以找到投資必要資訊，如股價、股息、企業業績等，也

我不會英文，
也可以買美股嗎？

美股交易……

券商的網頁交易，都用中文操作！

搜集資訊……

以中文介紹的個股資訊也很豐富，
讓喜歡美股的投資人之間踴躍交流資訊！

作者的 YouTube 頻道：懶人頻
道（Namakemono no Channel），
以日文提供美股資訊！

網址：http://bit.ly/namakemonoYT

有越來越多像本書這樣的美股相關書籍，我自己也透過 YouTube 頻道，用日文提供美股資訊。請大家務必參考看看！

※美股入門

在臺灣買美股有兩種管道：複委託和海外券商

	說明	優點	缺點
複委託	在具有資格的國內券商開立複委託帳戶，再用這個帳戶買賣外國股票。	1. 在國內就可以開戶，錢不用匯去國外。 2. 有本地營業員諮詢。 3. 券商可以處理退稅。	1. 交易手續費高。 2. 選擇較少。 3. 不能融資融券（下單前就要確定交割戶頭有足夠的金額，否則無法下單）。
海外券商	直接在國外網路券商網站購買，例如：德美利證券（TD，附錄有詳細開戶流程介紹）。	1. 標的選擇多。 2. 交易免手續。 3. 股息再投入。	1. 出入金較麻煩。 2. 某些券商不受國內金融機關監管，風險較高。 3. 電匯手續費支出。

當投資標的、頻率越少，複委託較有優勢；反之，若投資頻率、標的較多，海外券商只要負擔電匯費用，就顯得划算許多。

第 1 章

全球化的紅利，你來收割

01 這是全球規模最大的投資市場

美股最大的優勢，就在於市場規模。不論是在這個市場內流動的資金或成長率，美股都是全球第一。即使規模如此大，要在美國市場掛牌上市，還是必須符合嚴格的標準。幾乎所有在美國股市掛牌上市的個股，都是符合標準的優良企業。

GDP與股市規模是兩回事

這裡先說明，**一個國家的GDP**（Gross Domestic Product，國內生產毛額），**並不一定和股市規模成正比**。

左頁彙整了各國GDP與股市市值的全球占比。美國的GDP約占全球二五％，股市市值卻占全球約五五％，超過一半；而中國的GDP雖高居全球第二，占一七％，股市卻僅占全球約四％，是美國股市的十四分之一，可見股市規模，和經濟規模不成

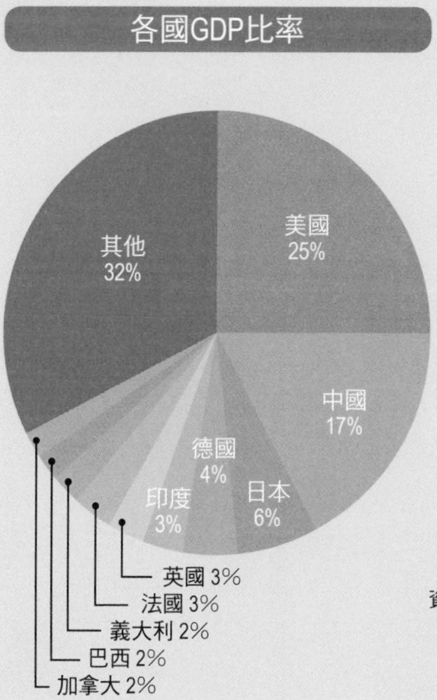
各國GDP比率
美國 25%
中國 17%
日本 6%
德國 4%
印度 3%
英國 3%
法國 3%
義大利 2%
巴西 2%
加拿大 2%
其他 32%

資料來源：世界銀行。

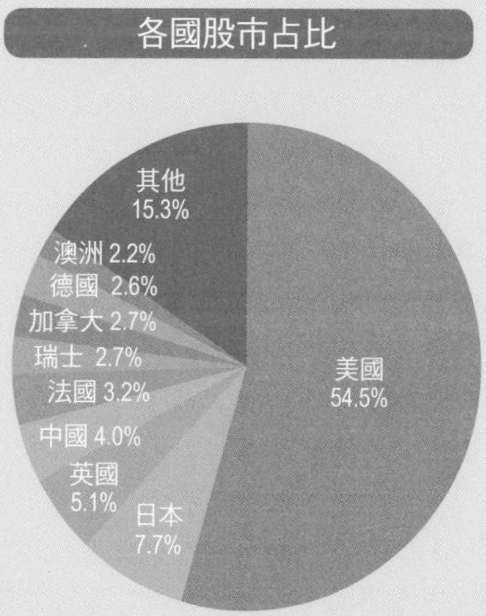
各國股市占比
美國 54.5%
日本 7.7%
英國 5.1%
中國 4.0%
法國 3.2%
瑞士 2.7%
加拿大 2.7%
德國 2.6%
澳洲 2.2%
其他 15.3%

資料來源：https://www.statista.com/statistics/710680/global-stock-markets-by-country/。

Point

請注意，GDP規模≠股市規模。

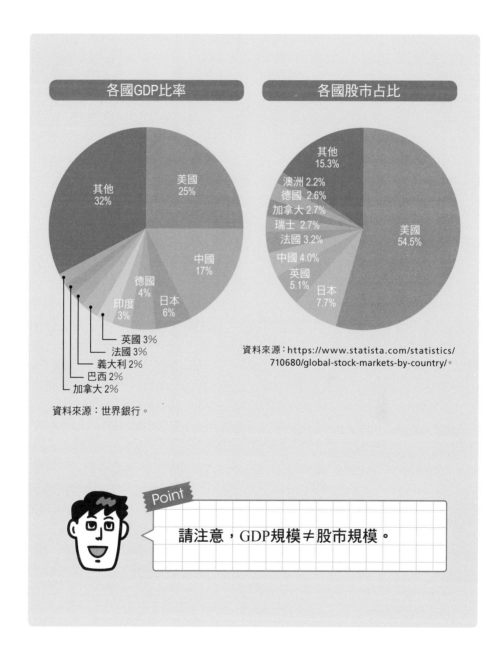

正比。

投資美股效率好

除了美國股市全球最大，另一個吸引全球投資人投資的理由，就在於他們都認為**美股投資效率最好，且因為資金集中，企業股價上漲、配息提升，於是吸引更多資金投入，形成良性循環。**

股市不是有人賺錢就會有人賠錢的零和遊戲，而是所有參與者都可以經由股價上漲和配息獲利，其中又以美國股市的效果最明顯。

02

就算暴跌，也能比其他市場更早反彈

美股的優點，在於它能跨越不景氣、景氣衰退所帶來的影響，並持續成長。全球出現過兩次股價大跳水的嚴重衰退：

1. 網路泡沫（二〇〇〇年～二〇〇二年左右）。
2. 金融風暴（二〇〇八年～二〇〇九年左右）。

網路泡沫，是指一九九〇年代後半開始普及的網際網路與科技企業，過度受到投資人追捧，導致股價一飛沖天後破滅的美國泡沫。當時即使業務內容和網際網路無關，只要公司名稱加上「.com」，股價就可以翻倍成長。不過泡沫破滅後，平均股價也大跳水。

道瓊工業指數變遷與兩次嚴重景氣衰退

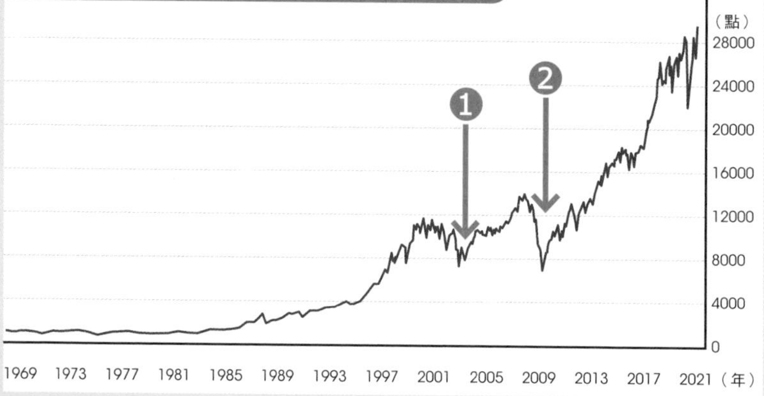

❶網路泡沫（2000～2002年左右）
一窩蜂的投資 IT 企業
➡熱衷到只要公司名稱中有.com 股價就會飆漲
➡2000 年泡沫破滅

❷金融風暴（2008～2009年左右）
美國低收入戶房貸的證券化商品價格暴跌（次級房屋貸款危機）
➡持有該商品的全球金融機構因此蒙受巨額損失、破產
➡影響擴散到全世界，導致全球股價暴跌

相較於其他國家，美股股價最快恢復，
之後也持續成長！

Point

就算股價暴跌，
也可以更早回彈並成長。

金融風暴，則肇因於納入美國低收入戶房貸的證券化商品價格暴跌，引發全球經濟危機，最終甚至導致金融機構破產，全球股價慘跌。

美股回彈速度快

受到這些危機影響，股市一定會暴跌。每個國家經濟都會受影響，但美股卻能比別人更早振作起來，並再創歷史新高。

從右頁道瓊工業指數的平均股價圖表可以發現，二〇〇九年股價由當時最高點大跌五四％，之後反彈向上，二〇一三年又再創歷史新高。二〇二〇年甚至首次突破三萬點，呈現左下右上的走勢。

過去多次克服經濟危機的實力，證明投資美股是一個正確的選擇。

03 享受全球經濟成長的紅利

全球經濟年平均成長率為四%。也就是說如果分散投資全球股市，每年應該可以穩定成長四%。

但是，如同本章第一節的說明，現實中經濟成長，不一定和股價成正比，如果想要享受全球經濟成長的紅利，該如何投資？此時美股就可以發揮作用了。

美國有許多跨國企業，這些企業的版圖除了美國，也包含許多已開發國家，甚至是新興國家。

事實上，與其直接投資新興國家的股市，不如投資這些美國的跨國企業，更能有效得到新興國家的經濟成長紅利。

此外投資人關注的焦點之一，就是人口動態。一般認為，只要人口增加，經濟自然會持續成長。

全球經濟年平均成長率為 4%

然而各國股市並不一定會成長

☞投資事業規模遍及全球的美國企業，可有效投資全球

美國人口增加 ＋ 全球人口增加

全球人口持續增加

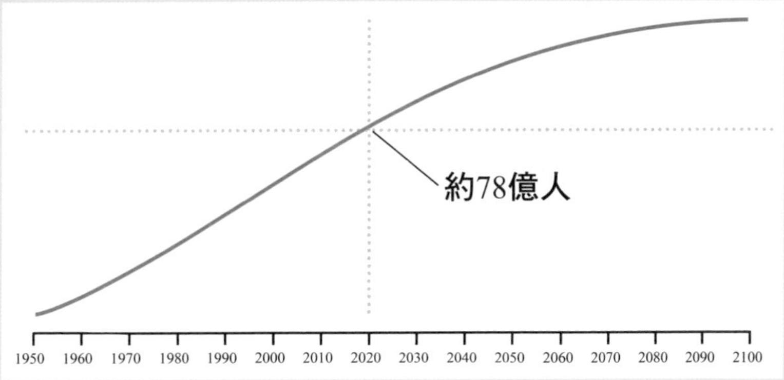

多數已開發國家，都苦於勞動力不足、人口減少，但美國人口還在增加中，而且全球人口未來也還可能會持續成長，從這一點來看，以全球為市場的企業，也能因此賺取利潤。

換言之，美國的大型跨國企業，在「人口增加的美國國內＋人口增加的全球」兩地皆有商機，事業版圖可望進一步擴大。

04 美國有高達一百六十六家公司，連續二十年以上發股息

美國企業原則上一年配息四次給股東，可是會不會有不穩定的公司呢？例如，三月收到許多股息，但因為六月結算數字不佳，股息突然歸零……既然想靠被動收入過生活，配息是否穩定，自然是關鍵所在。

前言也有提到，美國有許多企業數十年如一日，維持穩定配息；而且不只配息穩定，有的企業股息還一年比一年多。

我稱這種股票為「股息年年增加個股」，只要持有這種個股，可領到的股息金額自然年年增加。對長期投資人來說，這就是最大的優勢！

截至二〇二〇年，持續二十年以上股息年年增加的企業，竟然高達一百六十六家。二十年以上就代表，即使是在網路泡沫和金融風暴等嚴酷環境中，企業仍優先回饋給股東，持續配息至今。

什麼是股息年年增加個股

- 每年持續穩定配息
- 股息金額一年比一年多

☞**最適合當作創造現金流的投資標的**

Point

想靠股息收入過生活，
重點是穩定！

股息年年增加個股，不會單純只因為財報結算數字不佳，而減少股息發放甚至停止配息。因為股東們期待股息年年增加，才會購買並持有公司股票，如果配息中斷，股價一定大跌。

也正因為確實有這樣的企業存在，我在選擇個股投資標的時，一定會鎖定股息年年增加個股。

05

股息年年增加的二十五大個股

本節要介紹美股中，股息年年增加的前二十五大個股。這些企業都是經營穩定，事業歷史悠久，而且財力基礎穩固，足以持續支付配息。

前二十五大個股，有許多是從以前到現在支撐美國經濟的一般消費財企業，如電力等公共基礎設施建設企業、製造業、食品等。

寶鹼連續六十五年增加股息

或許某些企業很少有人聽過，但也有許多公司在全球都很有名。如連續六十五年都發股息，且年年增加的寶鹼（PG）、連續六十三年的3M（MMM）公司、連續五十九年的可口可樂……等。這些都是歷史悠久的老企業，經營狀況很穩定。

不少人認為，要投資股票，就要找成長爆發力強的企業才會賺錢，可是這並不見

股息年年增加的個股排行榜

排名	個股名稱	配息連續增加年數	現金殖利率（%）	股價（美元）
1	美國國家水務公司（AWR）	67	1.35	103.42
2	道爾集團（DOV）	66	1.09	181.53
3	寶鹼公司（PG）	65	2.07	163.58
4	純正零件公司（GPC）	65	2.32	140.23
5	派克漢尼汾公司（PH）	65	1.24	318
6	西北天然控股公司（NWN）	65	3.94	48.78
7	艾默生電氣公司（EMR）	64	2.18	92.98
8	3M（MMM）	63	3.33	177.62
9	辛辛納提財務公司（CINF）	61	2.21	113.93
10	勞氏公司（LOW）	59	1.08	258.64
11	可口可樂公司（KO）	59	2.83	59.22
12	蘭卡斯特食品公司（LANC）	59	1.84	165.6
13	嬌生公司（JNJ）	59	2.45	171.03
14	諾達公司（NDSN）	58	0.7	255.27
15	伊利諾工具公司（ITW）	58	1.91	246.81
16	高露潔-棕欖公司（CL）	58	2.09	85.34
17	荷美爾食品公司（HRL）	55	2.0	48.81
18	聯邦房地產投資信託基金（FRT）	54	3.12	136.28
19	加州水務服務集團（CWT）	54	1.28	71.86
20	史丹利百得公司（SWK）	54	1.58	188.6
21	SJW 集團（SJW）	54	1.85	73.2
22	目標百貨公司（TGT）	54	1.36	231.49
23	ABM 工業公司（ABM）	54	1.86	40.85
24	史達潘公司（SCL）	53	1.02	124.13
25	商業銀行（CBSH）	53	1.52	68.77

※股價以2021年12月底為基準。

※資料來源：https://nikkeiyosoku.com/stock_us/ranking_inc/。

得適用在美股。光是投資事業基礎穩固，股息年年增加的個股，就可以賺到穩定的現金收入（當然長期來看股價也會上漲，也可以賺到資本利得）！

就算不在前二十五大行列，也有許多企業連續數十年股息年年增加，其中還有一些企業不僅股息年年增加，現金殖利率也很高。

06

投資必有風險，年年創新高的美股也不例外

投資美股好處多多，不過也有風險。要拿出寶貴的資金投資，當然也要充分了解投資美股的相關風險：

1. 價格變動

股票在開盤後，價格以秒為單位變動。買進的股票價格可能會漲，也可能下跌，這就是價格變動風險。

2. 匯率風險

以美元計價，所以投資人持有的是美元計價資產。買進美股後如果美元貶值（新臺幣升值美元貶值），換算回新臺幣，金額就會縮水，這就是匯率風險。

投資美股相關風險

❶價格變動風險

重要度 中

買進股票後因為某些原因導致股價變動

➡股價可能下跌，也可能上漲。

❷匯率風險

重要度 中

美元匯率變動，導致股票價值變動的風險

➡有些時間點換算回臺幣時，獲利可能縮水。

❸國家風險

重要度 低

該國獨有事件影響股價或投資環境的風險

➡戰爭、投資規定變更等。

❹景氣衰退風險

重要度 高

泡沫破滅、大國之間對立，或傳染病導致經濟活動停擺等，景氣衰退導致股價下跌的風險

➡美國經濟停滯會影響全球。

Point

了解各項風險再投入自己的資金！

3.國家風險

這是投資他國時獨有的風險。因為社會情勢或天災，導致經濟停滯不前時，該國的股價會大跌。

以美國為例，雖然不像部分國家有股票投資制度不透明的風險，但投資環境卻可能因政策而改變。

4.景氣衰退風險

投資美股的相關風險中，最大風險就是景氣衰退。全球最大的經濟體——美國萬一景氣衰退，股價一定會大受衝擊，所以買進美股後如果景氣衰退，必須考慮到短期間內股價大跌的風險。

07 美元再穩定也有匯兌風險

投資海外資產，就表示利益會隨著匯率變動。

（編按：例如購入美股後新臺幣貶值美元升值，以美元計價的美股價值會上漲，獲利也會隨之提高〔匯兌利益〕；反之，如果新臺幣升值美元貶值，美股股價和獲利也會縮水〔匯兌損失〕。）

但我認為投資美股，可以不用那麼在意匯率變動。美元是全世界交易的基本媒介，也是全球最常使用、需求穩定的貨幣。幾乎不太有因為匯率變動，導致美股暴跌的風險。

如果是新興國家的股票，長期來看貨幣貶值的趨勢明顯，很容易出現匯兌損失，甚至也有新興國家的貨幣，經過十年後價值只剩四分之一。

一般來說，匯兌風險可以想成是因為新興國家貨幣貶值，導致股票價值降低。

如何看待匯率風險？

匯率的影響

新臺幣貶值美元升值

新臺幣價值下跌

美股價值上漲

➡買進的股票有獲利

新臺幣升值美元貶值

新臺幣價值上漲

美股價值下跌

➡絕佳的進場時機

新臺幣和美元密切相關，不太可能暴漲或暴跌，不用太過在意匯率變動。

過去十年左右都維持在 1 美元＝新臺幣 27～32 元之間，相較於其他國家的匯率更為穩定。
（新臺幣）
33
32.5
32
31.5
31
30.5
30
29.5
29
28.5
28
27.5
27
26.5
26
2011
2012
2013
2014
2015
2016
2017
2018
2019
2020
2021
（年）

Point

投資美股不用太在意匯兌風險。但如果是新興國家股票，匯率變動會大幅影響損益！

（本頁圖為編按）

08 美元貶值股價必漲，因為美國出口型企業多

既然提到匯兌風險，就一併來看看匯率和股價的關係。

匯率變動，會影響美股資產價值；美元貶值、升值，也可能影響股價。

美元貶值時，美股股價容易上漲，這是因為許多美國企業都是出口型企業；美元越貶值，出口後母國可以收到的美元金額越多，財報收益也會提高。

此外，美元貶值導致海外貨幣價值變高，國外顧客更容易購買美國商品與服務，代表美國企業的價格競爭力也變高。

例如，要價一百美元的商品，在一美元兌三十二元新臺幣（美元升值趨勢）時購買，要花三千兩百元，但在一美元兌三十元新臺幣（美元貶值趨勢）時購買，只要花三千元，美國企業的商品更親民了。總結就是美元貶值→競爭力提高→結算結果可能變好→投資人買進股票→股價上漲。

匯率對股價的影響

美元貶值……

- 提高價格競爭力
- 相對於外幣，可得到的美元金額變多

➡結算數字可以變得好看

美元升值……

- 價格競爭力變差
- 相對於外幣，可得到的美元金額變少

➡對結算數字可能不好看

受惠於美元貶值的產業

- 科技（服務出口增加）
- 工業產品（產品出口增加）
- 能源（美元貶值→原油價格上漲）
- 生活必需品（商品出口增加）

Point

美國的跨國企業中，有許多將商品外銷到海外的出口型企業。

美元貶值時的受惠產業是？

這些紅利常發生在出口商品或服務的企業身上，以美國企業來說，科技、工業、能源、生活必需品等產業，是美元貶值的受惠者。

09

股價是漲還是跌？國際新聞版會提早告訴你

本節要來仔細看看投資美股的國家風險。

政治是影響美股的關鍵因素之一。美國對全球影響力大，一旦國內政治混亂，股價一定會受到波及。

原本國家風險是以各國為單位來衡量，但美國經濟太強，因此會直接影響到全球，特別是當美國與其對立國之間關係惡化時，影響更甚。與和美國處於對立關係，也會影響股價的國家包含中國、俄羅斯、伊朗。

二〇一八年開始的中美貿易戰，甚至造成美國股價在三個月內重挫二〇%。中國本身經濟實力也強，所以兩國之間的貿易停擺，影響自然驚人，敏感的投資人也會將擔憂反應在股價上。

新聞大多也會報導這些動向，所以**要投資美股，請記得時常關心國際新聞**。

政治混亂對股價的影響

會大幅影響美國股價的因素，就是政治對立帶來的前景不明感！

進出口密切相關的大國對立，對股價的影響力極大！

和美國對立的大國

經濟、軍事對立

中國

俄羅斯

軍事對立

伊朗

軍事對立

2018年底中美貿易戰造成美股重挫

➡擔心對立造成經濟停擺

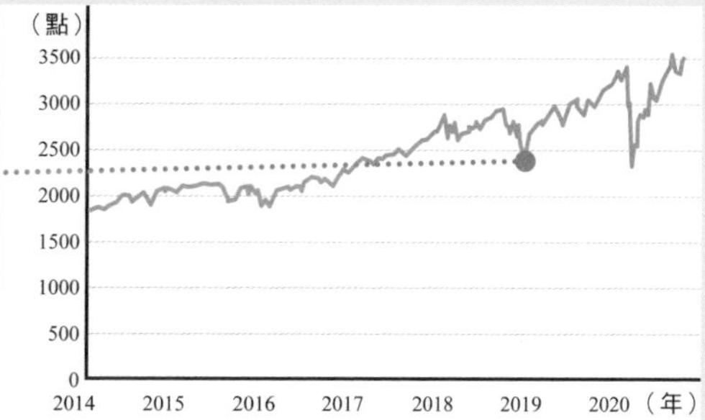
（點）
3500
3000
2500
2000
1500
1000
500
0
2014
2015
2016
2017
2018
2019
2020（年）

Point

大國之間的對立影響深遠，新聞一定會大肆報導，務必關心！

股市最討厭無法預測今後會如何的不透明感。當發生對立或政治混亂，讓人不知道這個國家和經濟的未來發展時，投資人為了避免陷入最壞狀況的風險，常會出現出清持股↓股價下跌的現象。

當對立平息，股價也會逐步復原……這是常有的後續發展。

10 堅持十五年一定賺，投資大師早就算給你看

前面說明了投資美股的風險，那我們應該如何避免呢？

關於價格變動、景氣衰退等短期的股價下跌風險，可以透過長期投資避險。

美股的歷史就是反覆短期下跌後上漲，長期股價走升，因此短期投資的資產增減幅度雖然很大，但投資期間越長，增減幅度其實就越小。

這也是我說美股適合長期投資的原因。

投資十五年以上一定有賺

投資期間越長，資產下跌風險就越低。這是股票投資界的巨作《漫步華爾街》（*A Random Walk Down Wall Street*）中的研究結果。

這本書介紹了分別投資標普五百一年、五年、十年時，報酬率振盪的幅度。

●股票投資期間與年平均報酬率的分散方式（1950 年至 2017 年）

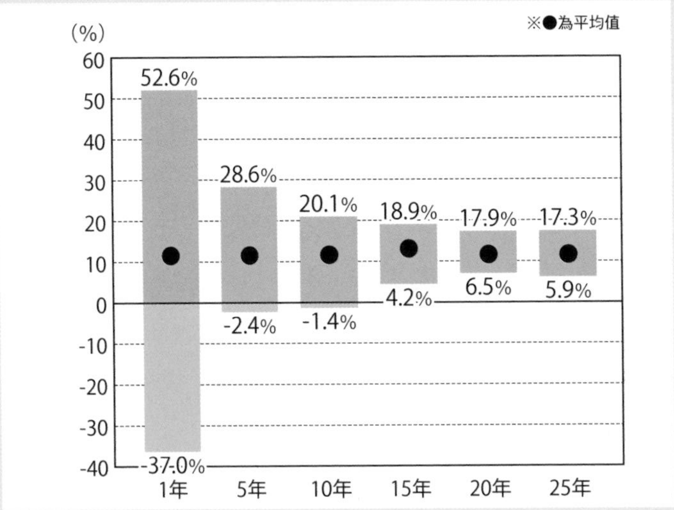

資料來源：《漫步華爾街》，柏頓．墨基爾（Burton Malkiel）著。

●投資 1 年時……
最高：賺 52.6% ⬆
最低：賠 37.0% ⬇

●投資 5 年時……
最高：賺 28.6% ⬆
最低：賠 2.4% ⬇

●投資 15 年時……
最高：賺 18.9% ⬆
最低：賺 4.2% ⬇

Point

這樣看來，投資美股 15 年以上，
年平均報酬率為負的可能性極低！

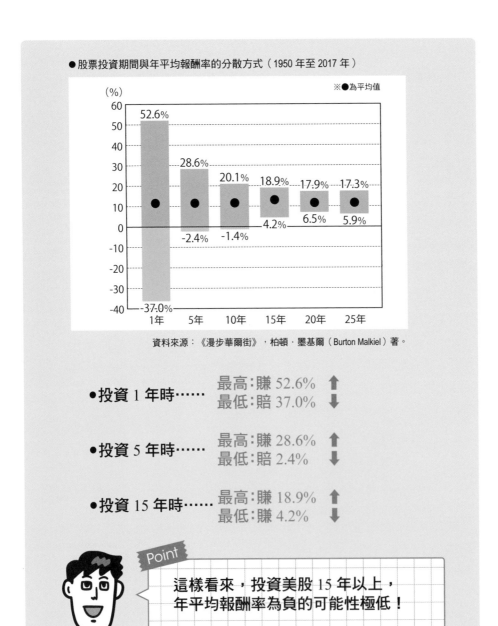

根據書中說明，只投資一年時，報酬率為正的可能性為五三%，為負的可能性為三七%，表示風險較高。

如果是長期投資，報酬率不太可能為負，投資十五年以上時，報酬率有很高的機率達到一〇%以上。

換言之，只要投資十五年以上，不論是在哪個時間點開始投資，報酬率都為正。

這個調查結果，代表著**只要是長期投資，每個人都可以賺到錢**。

專欄

投資新興國家的機會與風險

如果以企業、經濟成長帶動股價上漲為前提，比起經濟已經大幅成長的已開發國家，投資新興國家股市的報酬好像更為豐厚。然而就算因此去投資新興國家股票，也不一定可以賺到大錢。

前面也稍微提過，主要原因有二：

1. 經濟成長和股價成長沒有關聯。
2. 貨幣貶值減少獲利。

最常見的狀況就是 GDP 成長和股價沒有關聯，即使經濟成長也無法反映在股價上。例如東南亞國家協會（Association of Southeast Asian Nations，簡稱ASEAN）各國在近二十年間，幾乎所有國家的GDP都大幅成長，但看看各國的平均股價指數，不少都呈現中途停滯的狀態。以國家整體來看，經濟確實已有成長，卻不一定會反映在股價上，這就是新興國家的特徵。這有可能是帶領經濟成長的企業股票並未上市，也可能獲利未必會回饋給股東，只有企業和政府關係人士能得到好處。

此外新興國家的貨幣，容易出現該國貨幣貶值的情況，這是因為通常利率高的貨幣，或高通膨率國家的貨幣，比較容易貶值。貨幣貶值的損失，可能大於股價上漲的獲利，也就是有匯兌損失偏高的風險，所以無法單純說股價上漲＝報酬率高。

第2章

第一次投資美股就上手

01

選擇網路券商，手續費最便宜

本章要介紹實際投資美股的具體程序，以及美股投資相關規定，這是為了讓投資人更能掌握美股投資。

首先，要投資美股，必須有券商及外國證券的交易帳戶。所謂交易帳戶，其實很像銀行帳戶，開戶後存入投資資金，然後再購買、持有股票。

現在也不交付實體股票，而是帳戶內的數字變動，以一股、兩股的形式持有，而開證券戶也不需要支付費用。

網路券商三大優點

原則上，投資美股最好選擇網路券商的證券戶。

理由有三：成本低廉、交易簡單，與可交易個股數多。如果是實體券商，買進成

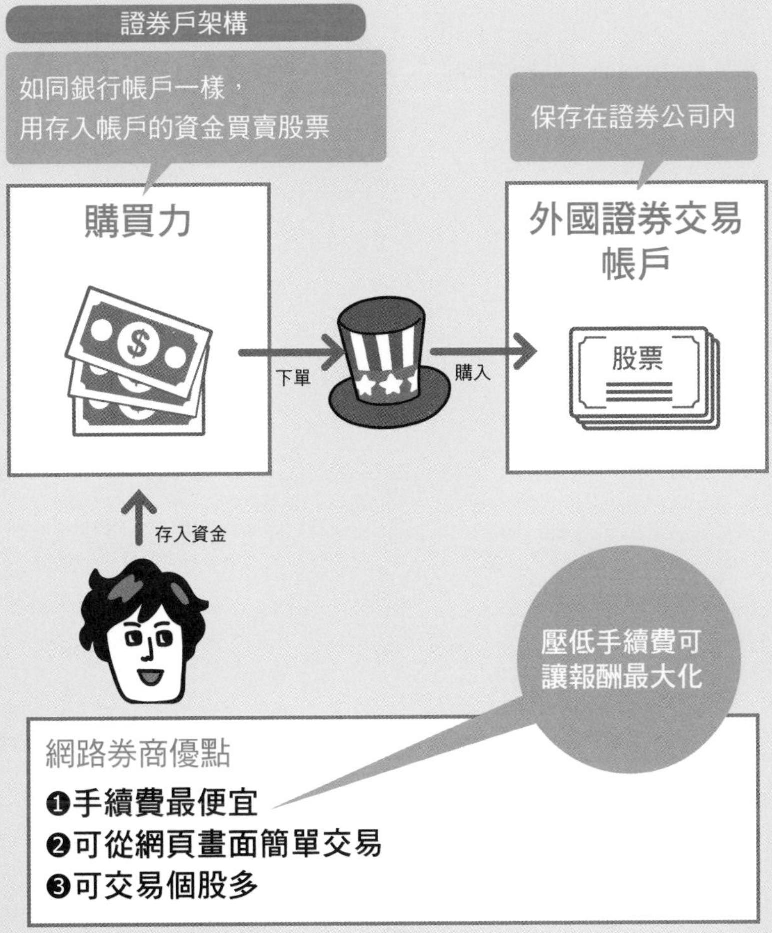
證券戶架構
如同銀行帳戶一樣，
用存入帳戶的資金買賣股票
保存在證券公司內
購買力
外國證券交易
帳戶
下單
購入
股票
存入資金
壓低手續費可
讓報酬最大化
網路券商優點
❶手續費最便宜
❷可從網頁畫面簡單交易
❸可交易個股多

Point

建議透過網路券商投資，從管理資金到投資，都可以在手機上完成。

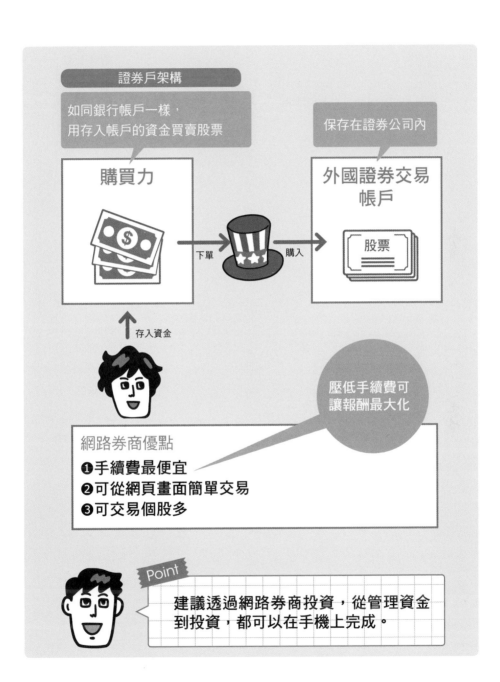

本較高。順帶一提，不論是買進或賣出美股，都要付手續費。

既然要投資，如何壓低手續費就很重要。因為投資不一〇〇%保證有報酬，但保證一定會有手續費。這些支出必須用獲利補回，所以當然越低越好（編按：臺灣常見的德美利證券、第一證券、嘉信證券等券商，皆有提供免交易手續費的服務，詳見本章第五節）。

02 五個步驟輕鬆下單，用手機也可以

購買美股的流程如下：

1.開證券戶。
2.在該券商開外國證券交易帳戶。
3.存入資金。
4.兌換美元。
5.用換來的美元購買美股。

1～2如同上一節介紹。開戶時，必須要有身分證，一般申請開戶到實際可使用為止，要花一至兩週的時間。

購買美股的流程

❶❷到券商開證券戶，並開外國證券交易帳戶

開戶必須有身分證

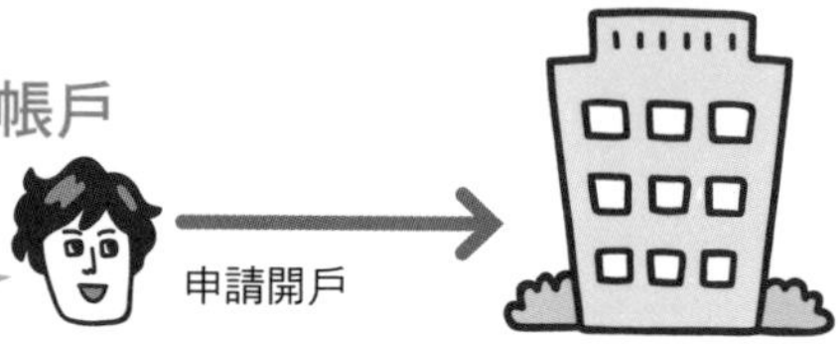

❸存入資金

就像是把要用來投資的資金存入銀行帳戶的概念

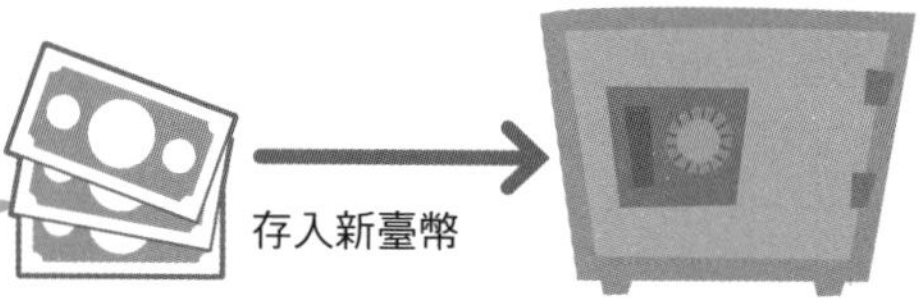

❹將新臺幣兌換成美元

❺用美元購買美股

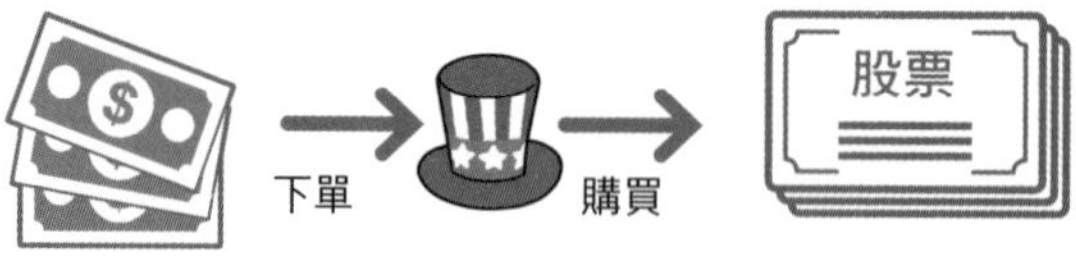

Point

只要掌握基本流程，就可以輕鬆購買美股！交易方式和台股一樣。

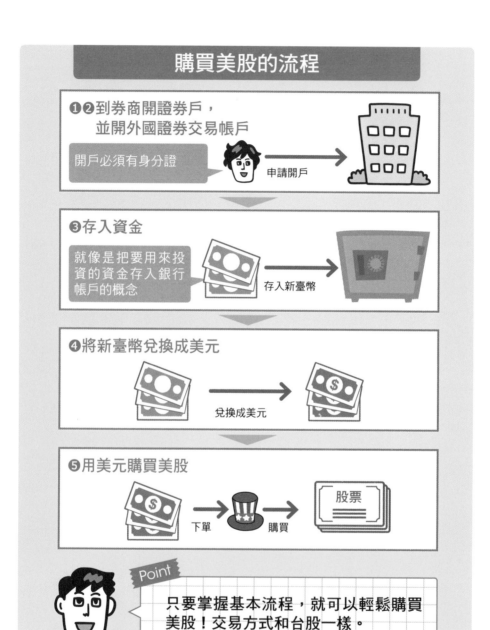

開好外國證券交易戶後，要把資金兌換成美元並存入此帳戶，才能開始購買美股。匯兌可以在券商網頁上完成。

兌換成美元時，是新臺幣升值美元貶值，還是新臺幣貶值美元升值，都會影響換算成新臺幣時的資產價值（也就是上一章說明的匯兌風險），換成美元後，只要選擇個股，下單購買即可。

買股票主要有兩種下單方式，也就是市價單，和限價單。市價單指的是，用下單時的股價購買股票；限價單則是指定買賣價格，如股價到多少美元時就買進。例如現在某張股票五十美元，如果投資人看跌，就可以下四十五美元購買的限價單，等到跌到四十五美元時就買進。

03 怕麻煩也怕忘記？定期定額可以彌補

用上一節介紹的方法投資美股時，必須完成兩項作業：將資金兌換成美元、下單買賣美股。

平常很忙的人可能會覺得麻煩。

如果有像基金一樣的機制，只要定期定額投資，之後就算放著不管，也會自動投資美股就好了。

定期自動買進

目前有許多券商可以申請自動定期定額購買美股、美國ＥＴＦ。只要事先設定在每月、每週固定某一天購買美股，到了那一天就會自動購買，是一項很便利的服務。

此時下單採市價單而非限價單，以購買當時的股價買進（編按：永豐金、元大等證券

定期定額最適合懶人

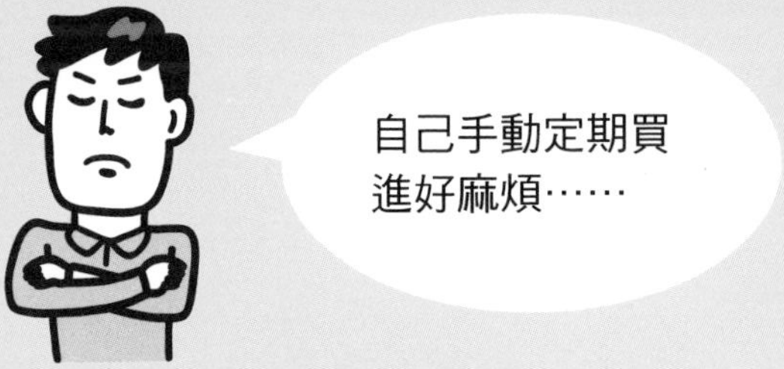

永豐金證券的定期定額服務

每月自動買進指定個股功能

➡可以1股為單位自動買進。如果已決定好購買標的，十分方便！

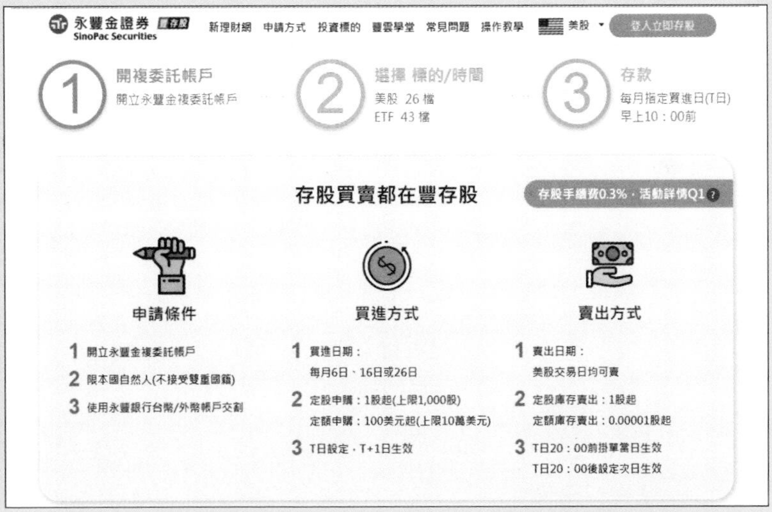

※資料來源：永豐金證券官網。
（本頁圖為編按）

商也有提供定期定額的服務，最低只要一百美元，或新臺幣三千元即可投資）。

（編按：前文說到必須將新臺幣兌換成美元，但其實也可以用新臺幣購買美股，也就是新臺幣交割，用美元購買則是外幣交割。如果選擇新臺幣交割，購買時，系統會自動以當時的匯率，將新臺幣兌換成美元。）

04 不用一直盯盤，只要睡覺前，起床後多看兩眼

本節要介紹買賣美股必須知道的兩大交易所，以及股市交易時間。

NYSE（New York Stock Exchange），就是紐約證券交易所，這家證券交易所位於紐約華爾街，有兩百年以上的歷史，許多美國歷史悠久的企業都在這裡掛牌上市；另一個交易所則是那斯達克證券交易所（NASDAQ），成立於一九七一年，是新創企業的交易所。特色是比紐約證交所更年輕，當時問世的科技公司個股，主要都在這個交易所掛牌上市。

雖說那斯達克的主要交易個股是新創企業，但近來也有很多科技公司的市值非常高，包含許多足以代表美國的企業（GAFA）。

簡單來說，**紐約證交所是老牌企業，那斯達克則是許多新興科技公司掛牌上市的交易所**。

美國兩大證券交易所

紐約證券交易所（NYSE）

- 存在 200 年以上歷史的交易所
- 有許多歷史悠久的經濟個股
- 股息年年增加的個股集中

【主要個股】

嬌生、VISA、AT&T、摩根大通、波克夏．海瑟威等

那斯達克證券交易所（NASDAQ）

- 僅有電子交易的數位化證券交易所
- 許多新興股票、新創企業在此上市
- 科技類個股集中

【主要個股】

蘋果公司、微軟、亞馬遜、臉書、Google※、英特爾、Adobe、Paypal等

- 市場交易時間

一般時間	臺灣時間	21:00	22:00	23:00	00:00	01:00	02:00	03:00	04:00	05:00
	美國時間	8:00	9:00	10:00	11:00	12:00	13:00	14:00	15:00	16:00
市場交易時間				交易時間 22:30～05:00						

夏令時間	臺灣時間	21:00	22:00	23:00	00:00	01:00	02:00	03:00	04:00	05:00
	美國時間	9:00	10:00	11:00	12:00	13:00	14:00	15:00	16:00	17:00
市場交易時間			交易時間 21:30～04:00							

睡覺前、起床後看看股價

美國市場的交易時間，大致是臺灣時間晚上十一點半到隔天早上六點左右。而美國夏令時間（Summer Time，會在接近春季開始時，將時間調快一小時，並在秋季調回正常時間）有一小時的時間差，所以可以想成臺灣的深夜就是美國股市交易的時間。

雖說是在深夜時間交易，倒也沒必要熬夜看盤，只要在晚上睡前和早上起床後看看股價，確認自己下的單有沒有成交等就可以了。

※編按：Google 在那斯達克交易所有兩個股票代號：GOOG、GOOGL，兩者主要差別在於投票權。一般而言，股東有權對影響公司發展的決策投票，為了確保大股東對公司的控制權，Google 將其公開交易的股票分成兩類，持有 GOOGL 的股東具有投票權。

05

手續費都差不多，但有些券商有最低開戶門檻

真的決定投資美股時，應該選擇哪家券商才好呢？

首先前提是要選擇可以透過網路自由下單、管理的網路券商。前面也說過，有營業廳或可以電話下單的券商手續費較高，所以還是選擇成本較低的網路券商吧！

編按：國內美股的投資人常透過德美利證券、第一證券、嘉信證券投資，這三家券商的手續費都差不多，而且只要其中一家有降手續費等變更時，另幾家也會跟著降……彼此之間競爭激烈，所以單看手續費，這三家選任何一家都差不多。

既然手續費沒差，接下來就要看個別服務了。

1. 德美利證券的期權的介面方便、功能強大，也有多項工具可評比。

應該透過哪家券商投資？

德美利證券

- 介面方便、功能強大
- 無任何開戶門檻

第一證券

- 平台全面免手續費
- 中文客服處理速度快
- 介面適合投資新手、長期投資者

嘉信證券

- 提供跨國提款卡免手續費
- 適合資金大、出國次數頻繁者
- 開戶最低要入金 2.5 萬美元

因為互相競爭，手續費都差不多！

（本頁圖為編按）

2.第一證券是第一個宣布交易免手續費的券商，因為創始人是華人，所以平臺提供每週七天，二十四小時不間斷的中文在線客服。

3.嘉信證券提供跨國提款卡，可在世界任一國家提領「當地」貨幣，且免手續費。

讀者可評估上頁的服務內容，選擇一家適合自己的券商。

專欄

新臺幣交割還是外幣交割，哪個划算？

本章第 3 節介紹過購買美股時的兩種方法，一是用新臺幣購買「新臺幣交割」，二是「外幣交割」。那麼投資人選哪種方法好呢？

先說結論。如果求方便就選新臺幣交割，如果重視成本就選外幣交割。

新臺幣交割的優點是可用新臺幣下單，輕鬆不麻煩。就算沒有特意準備美元，券商也會自動把新臺幣兌換成美元，所以投資人不用特別花心思去準備美元。

外幣交割的優勢則在於成本。買外幣的方法不只一種，一般來說匯率會比用新臺幣交割來得更優惠，不過有些券商雖然購買美股的手續費很低，匯兌手續費卻很高，重視成本的人必須特別注意（作者使用外幣交割購買美股）。

雖然只是一點點的成本差異，但長期投資的話最終還是會累積出很大的差異。新臺幣交割和外幣交割的成本因券商而異，大家還是去向自己的券商仔細確認一下吧！

第3章

我這樣選美股，股息價差兩頭賺

01

價值股、成長股，前者賺股息後者賺價差

投資美股，可以選擇個股、ETF（見第四章）、基金（見第五章）等方式，本章要介紹的是投資單一企業的「個股投資」。

個股投資的魅力就在於「高成長」與「高配息」。勝利組個股的股價成長幅度，不是一般企業可以比擬的。股價不只會漲好幾倍，還有漲數十倍甚至百倍以上的可能，如果能投資到這種公司，短期間就可讓自己的資產大幅增加。

想要在更短的期間內增加資產、獲得高配息！可以試著挑戰投資個股！

殖利率高於股價指數投資

此外，也有許多現金殖利率高的標的，有一些個股長期以來穩定配息，配息年年增加，還能維持六～七％的高現金殖利率。

個股的魅力……

- 可投資短期間內高成長的股票
- 可投資穩定配息＋高配息股

個股的優點……

- 持有股票期間不用成本

應該鎖定什麼樣的個股？

成長股

事業擴大中，可期待股價上漲的新興股票

IT或健康照護類公司較多！

價值股

經營穩定，但股價不會短期間暴漲

維持高殖利率的公司多！

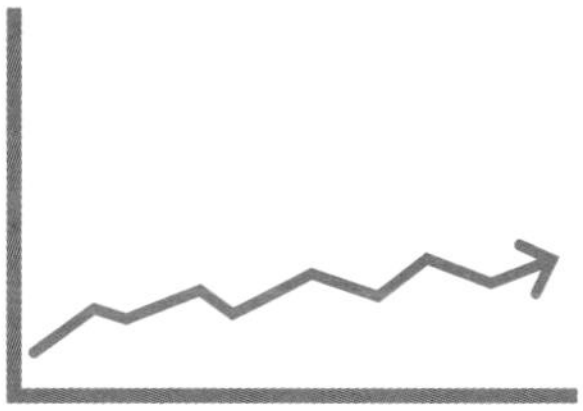

Point

比起投資股價指數（詳見第4章第2節），投資個股報酬可能更高！

股價指數投資因為分散投資大範圍的標的，難以避免投資到配息低甚至不配息的公司，現金殖利率自然較低，所以投資個股更有機會實現高現金殖利率。

持有成本不同

另一個投資個股的優點是持有的期間不用成本。

以ＥＴＦ為例，投資人必須支付管理費、保管費等內扣費用，但單純持有個股不需要付費給任何人；網路券商也無帳戶維持費，只要買進股票就可以永遠持有（只要公司不倒）。

02 安全與報酬，你比較在乎哪一個？

投資個股當然有風險。首先就是要承受更多企業本身的股價波動風險、破產風險、配息減少風險等；一家企業的股價可能暴漲，相對的也可能暴跌。

例如結算業績表現不佳、因會計或產品問題而股價下跌、減少或停止配息影響投資人心理，以及破產倒閉等。

過去也的確有企業因為做假帳而破產、股票下市。當然這種公司的股價一定會暴跌到谷底，股票變成壁紙。

可能在你還沒發現時就暴跌

這些企業的個別問題很難事前發現，資訊常常來得又急又快。

而且一旦出現這種消息，法人通常都會比個人更早出清持股，第二天一早等到投

必須確實掌握的個股風險

❶股價波動風險

「市場環境」造成的原因

➡個股可能大跌，但也可能大漲！

❷破產風險

經營不善導致企業破產、股票下市

➡手中的股票變成壁紙！

❸配息減少風險

經營不善導致配息減少或停止配息

➡如果穩定配息是原先的投資目的，
配息減少就是很大的風險！

要減輕這些風險，就必須「分散投資」！

Point

減輕投資個股風險的方法之一就是「股價指數投資」。
安全和報酬……看你想選哪一種！

資人發現時，股價早已一去不回頭……。

個股也要分散投資

規避這種風險的做法就是分散投資，但投資多檔個股雖然可以規避單一個股的暴跌風險，相對也會減少高成長、高配息的機會。

投資個股時，把所有資金集中在一檔個股很危險，即使是散戶，也必須持有、操作多檔個股，分散風險。

03

股價領頭羊！美股最佳代表就是四騎士

ＩＴ產業的科技類股，可說是支持美股股價上漲的明星；而美國有像矽谷這種科技業人材和企業群聚的環境，一直以來孕育出許多影響世界的科技公司。

近年來被稱為ＧＡＦＡ的科技產業龍頭企業，股價成長也很驚人。ＧＡＦＡ就是搜尋引擎服務的老大Google（Ｇ）、電商龍頭亞馬遜（Ａ）、經營全球規模社群網站的臉書（Ｆ）、生產iPhone、Mac的蘋果公司（Ａ）這四家公司。

科技類股之所以成長驚人，原因之一就是透過網際網路的事業成本低，只要有需求，事業可以無限擴大。比起以物理性商品與人為服務的傳統企業，這些公司的特徵就是擴大事業和持續的成本極低，快速成長的可能性高。

再加上近來的世界情勢，人與物品移動困難，線上推動事業的需求激增，也是助長科技類股成長的要因之一。

代表美國的四騎士

美國經濟、股價的領頭羊就
是以 GAFA 為代表的科技公司

Google（GOOGL）

- 搜尋引擎與廣告事業
- YouTube

全球最大的搜尋引擎，手中掌握全球資訊、大數據。

股價：2,897.04美元

Amazon（AMZN）

- 電商網站
- AWS（雲服務）

雲事業大幅成長，是全球網購和雲事業的龍頭老大。

股價：3,334.34美元

Facebook（FB）

- 廣告事業
- Instagram

社群網站龍頭，每日有17億人以上使用臉書中。

股價：336.35美元

Apple（APPL）

- iPhone、Mac
- 創新產品

主力事業為銷售創新產品，四家公司中唯一一家有配息的公司。

股價：177.57美元

※股價以2021年12月底收盤為基準。

04 下一波的四騎士，值得你超前布局

短期間大幅成長的科技類股中，有許多可能成為下一個ＧＡＦＡ的新創企業，也已經在美國掛牌上市。

這些公司大多數投資人都可以自由購買，也有許多公司上市後股價已經飆漲數倍。能夠享受這些企業快速成長的報酬，也是投資個股的魅力所在。

今後的成長領域ＳａａＳ

要找出下一個科技飆股，就必須知道一個關鍵字「ＳａａＳ」。

所謂ＳａａＳ（Software as a Service，軟體即服務），就是在雲端提供的軟體，只要在簽約期間內，就可以經由網際網路使用服務，採取訂閱付費模式。購物網站的架設服務、電子郵件、視訊會議系統、免費部落格等都算是ＳａａＳ的一種。

下一個 GAFA！

今後可能和 GAFA 一樣快速成長+
股價上漲的企業有哪些呢？

NETFLIX（NFLX）

- 線上影音平臺
- 許多原創作品

訂閱付費式影音平臺的先驅，全球用戶接近 2 億人。

股價：602.44美元

Uber（UBER）

- 線上叫車
- 美食外送服務

股價：41.94美元

Shopify（SHOP）

- 購物網站架設服務

只要支付定額費用，門外漢也可架設購物網站，全球用戶持續上升中。

股價：1,377.98美元

Zoom（ZM）

- 視訊會議系統

因新冠疫情後的外出限制，股價由 2020 年初開始飆漲，一度漲到 8 倍。

股價：183.91美元

※股價以2021年12月底收盤為基準。

Point

**這些都是短期間快速成長的企業，
股價有可能在短期間大漲數倍～10倍！**

現在因為全球需求大增，許多採取SaaS形態的企業股價飆漲，市場紛紛猜測下一個GAFA可能就在其中。

然而，科技類股價格容易波動，同時也是它的缺點。只要結算報表數字漂亮，股價就可能一天內漲一〇%，但如果財報數字差，或有負面消息，也可能一口氣暴跌一〇%。

所以請大家要仔細分析公司的資料，再選定投資標的！

05 想賺穩定現金流，鎖定老牌的舊經濟企業

美股歷史悠久，從一百年前就開始交易了，市場中有半數以上標的都是創業數十年，甚至百年的老牌企業，現在仍是美國經濟的支柱，涵蓋食品、醫療品等生活必需品，以及零售業、能源企業和製造業等。

相較於科技類股，這些個股被稱為「舊經濟」。

這些企業的特徵就是「穩定」；不同於新創企業，它們扎根社會已久，也已經有了完善的獲利模式，不會因為一些意外而暴跌或破產，經營穩健。

舊經濟能帶來穩定配息

這些企業的穩定特徵，也表現在分配給投資人的配息上：**穩定配息或配息年年增**加的企業，大多數都是舊經濟個股。

新經濟 vs. 舊經濟

新經濟（科技類股）

大多數是和網際網路相關的IT企業

重視成長，推升股價以回饋股東

➡不配息的企業較多

舊經濟

製造業、零售業、基礎建設等自古以來就存在的穩定產業

長期以來持續穩定配息的企業較多

➡長期持有享受股價上漲＋配息收入

舊經濟的大企業因事業成熟，
以穩定配息而非成長為目標的企業較多。

穩定配息＋高殖利率

也有大企業同時兼顧這兩者！

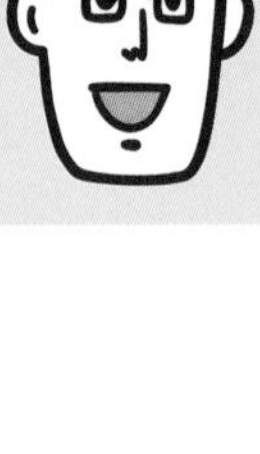

Point

美股趨向兩極化！
股東投資的趨勢也各有不同。

雖然股價不會暴漲，但相對也很少暴跌，所以長期持有這些企業的股票，可確保穩定被動收入。

將眼光放遠，美股全體呈上漲趨勢，所以用五年、十年的長期投資來看，也能享受股價上漲的好處。

有些個股不但配息穩定，配息金額也高，投資這種個股也能享受高殖利率。

總而言之，如果投資科技類股的目的在於資本利得，那麼**投資舊經濟個股**，**看的就是穩定現金流**。

06 誰賺走我的錢，我就買這家公司股票，日用品概念股

第一章提到眾所周知的美國大企業中，也有許多以穩定配息聞名的企業，本節就要介紹一些例子。

日用品大廠寶鹼和嬌生都是老牌的穩定個股；寶鹼連續六十五年增加配息，嬌生則是連續五十九年增加配息。

飲料事業可口可樂也一樣，維持著連續五十九年增加配息的紀錄；擁有百事可樂的百事公司（PEP）也是連續四十九年增加配息的企業。

其他像零售業的沃爾瑪、好事多，速食業的麥當勞，保險業的美國家庭人壽保險公司（AFL），能源大廠雪佛龍（CVX）等，也都是數十年以上連續增加配息的穩定個股。

此外，雖然微軟是科技類股，但也從二〇〇二年起，連續十九年增加配息。這些

日用品企業穩定配息中！

嬌生（JNJ）
- 健康照護產品
- 開發新冠疫苗

事業版圖遍及全球

連續增加配息第 59 年

股價：171.03美元

麥當勞（MCD）
- 速食業
- 特許加盟事業

在全球展開餐廳特許加盟事業

連續增加配息第 44 年

股價：268.02美元

可口可樂（KO）
- 生產銷售飲料
- 特許加盟事業

在全球展開品牌特許加盟事業

連續增加配息第 59 年

股價：59.22美元

3M（MMM）
- 汽車與基礎建設等廣泛的工業產品事業

製造銷售由工業用到個人用的廣泛產品

連續增加配息第 63 年

股價：177.62美元

※股價以2021年12月底收盤為基準。

Point

這些舊經濟企業，過去數十年間股價也都上漲了不少，是可以獲得平緩成長＋穩定配息收入的投資標的！

企業都是經營穩健，長期回饋股東的好公司。

美國配息年年增加的穩定企業，真是多到不勝枚舉。光是連續二十年以上增加配息的企業，就有一百六十六家；但也有許多企業可能在市場上默默無聞，卻是扎根當地經濟的穩定企業，購買這些企業個股也是有效的投資方法。

07 買這些個股等於投資全世界

第一章第三節曾提及投資以全球為據點的美國企業，就可以享受全球成長的紅利。本節要看看具體的標的。

Google 雖然是美國企業，但美國國內的營收卻只占全體營收的一半以下，一半以上的收益其實都來自全球其他國家。也就是說只要全球經濟持續成長，Google 股票就會受惠一起上漲。此外健康照護事業的龍頭老大嬌生，也是美國國內外的營收幾乎各占一半。

國外營收占比高的企業

麥當勞的美國國內營收僅占全球收入的三七%，剩下的六三%營收都來自海外各國。其他像是亞馬遜的美國國內營收占六九%，海外則占三一%。

投資個股也可以投資全世界！

大企業能穩定獲利的理由，就在於全世界的成長！

【例1】Google（GOOGL／GOOG）的全球各國營收占比

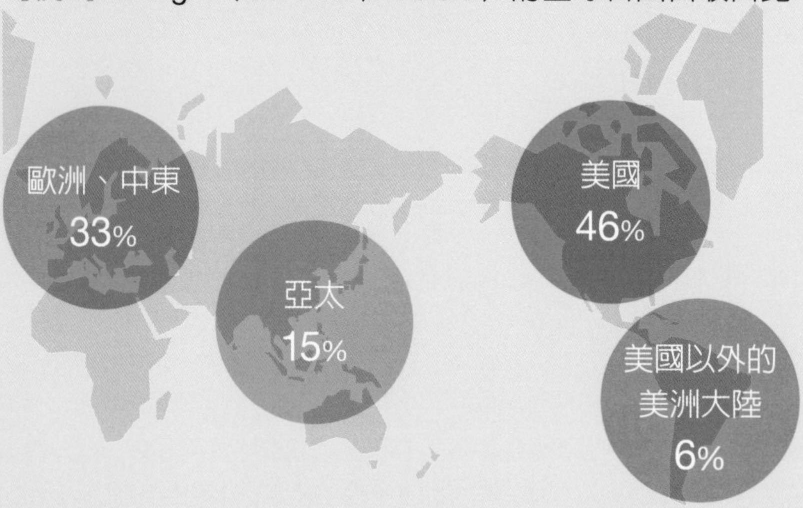
歐洲、中東
33%
亞太
15%
美國
46%
美國以外的
美洲大陸
6%

【例2】嬌生（JNJ）美國國內外的營收占比

美國國內營收：51.3%
美國國外營收：48.7%
投資新興國家並擴大事業！

Point

投資跨國企業，就可以投資全世界，包含人口增加的新興國家！

這類跨國企業雖然是美國的個股，但持有它們就等於是在投資全球各地的事業，可受惠於來自各國的營收。跨國企業和美國國內企業雖然都處於成長市場，不過如果想參與全世界的經濟發展，那就考慮投資前者吧。

08

股價偏高還是偏低？本益比與股價淨值比會告訴你

對於選擇投資標的時常用的財務指標，記住這些縮寫和名稱將會有很大的幫助。

PER和PBR是什麼？

本益比「PER」是計算目前股價偏高還是偏低的指標，常用「○倍」的形式表示，用股價除以每股盈餘算出。一般來說算出來的數值越高，就表示這檔個股已經被超買，股價偏高，算出來的數值越低，就表示物超所值。

全名為「Price-to-Earnings Ratio」，美國常縮寫為「P/E Ratio」。

股價淨值比「PBR」也是顯示股價偏高還是偏低的指標，計算方式為股價除以每股淨值。用來表示相較於企業資產價值，目前股價偏高還是偏低。

全名為「Price Book-value Ratio」，美國常縮寫為「P/B Ratio」「P/Book」。

本益比（PER）

➡P/E Ratio

比較企業「盈餘」和股價

數值高（15倍以上）就被稱為股價偏高股，
數值低（15倍以下）就被稱為股價偏低股。

股價淨值比（PBR）

➡P/B Ratio 或 P/Book

比較企業「資產價值」和股價

數值高（1倍以上）就被稱為股價偏高股，
數值低（1倍以下）就被稱為股價偏低股。

Point

PER、PBR 只能用來參考，就算指標數值看來股價偏高，之後也可能持續大漲。

指標只能作為參考

PER、PBR常被用來判斷一檔個股價格是物超所值還是太貴，但就算指標看來太貴，也常有科技類股不斷突破。

此外，景氣蕭條時PER上升，表面看來好像太貴，但一走出蕭條，股價卻狂漲數倍……這也是可能發生的事。

因此大家在判斷是否投資時，千萬不要只單純依賴指標數值的高低。最好只把PER、PBR當成參考。

09

股東權益報酬率，股神巴菲特很在乎的選股指標

「EPS」（每股盈餘）是顯示每股盈餘的指標，代表每股一年賺多少美元，可用來衡量一家企業的獲利能力。

也就是說看EPS大小，就可以知道一家企業的獲利能力，不受企業規模，亦即市值的影響。

美股常常不用縮寫，直接標示全名「Earnings Per Share」。而美股的貨幣單位為美元，必須特別注意。

「ROE」（股東權益報酬率）則是衡量股東投資的資金，是否有效率的產生利益的指標。這個指標用%表示，數值越高一般就表示越有效率。全名原為「Return on Equity」，美股多用「ROE」表示。

每股盈餘（EPS）

➡Earnings Per Share

用公司盈餘除以發行在外股數，藉此衡量每股有多少獲利

要注意台股 EPS 的單位是新臺幣，美股則是美元。

股東權益報酬率（ROE）

➡Return on Equity

衡量股東投資的資金（股東權益）產生多少獲利

一般來說，10%以上就可視為企業有效活用投資資金。

股票配息率

➡Payout Ratio

計算將多少獲利以股息支付給股東的指標

穩定股的股票配息率高，成長股的股票配息率低。
（因為重視成長甚於配息）

Point

這些單字和數值在投資個股時極為重要，請學習如何查詢這些資料吧！

配息相對於獲利的比率

「股票配息率」指的是有多少獲利用來發放股息，以%表示。看這個指標就可以衡量一家公司用股息的形式，還原多少獲利給股東。

還在成長中的新興股票常常不配息，所以配息率為零或是很低，而穩定企業或配息年年增加的個股，股利發放率穩定，常維持在高水準。所以查看這個指標時，最好一併分析這檔個股是成長股還是穩定股。

美股將股票配息率稱為「Payout Ratio」。

10

「結算日」當天，股價都會震盪

如果要投資個股，也要時常注意會影響股價的事件。

美國勞工部每個月初發布的「就業統計」（Current Employment Statistics），會公布美國失業率等數字，常被用來當成表示美國國內景氣現狀的指標。

如果僱用統計結果不如預期，就會出現「景氣惡化中↓為規避風險出清持股↓平均股價下跌」的走勢。

此外，美股市場規模為全球最大，此僱用統計結果的影響，甚至可能波及其他國家的股價。

個股「結算」也一樣是影響股價的大事件。企業每季都會結算一次，一年公布四次，會公開營收、淨值、EPS等數值。

分析師們也會事先預測結算結果，結果優於或低於預期都會立刻引起股價震盪。

美股的統計發布與結算

隨時注意會影響股價的事件，
並掌握手中持股公司的重要時程！

美國僱用統計

代表「美國當下景氣」，關注度極高

這項內容甚至可能影響美國聯準會的金融政策，是極為重要的指標。

時期	每月第一個星期五
內容	失業率、非農業部門就業人數
影響範圍	美股全體

企業結算

美國企業每 3 個月就會公開 1 次經營、財務狀況

分析師們會事先預測數值，超乎預期則股價上漲，不如預期則股價下跌。

時期	每季（3 個月 1 次）
內容	營收、淨值、EPS等
影響範圍	該公司股票

Point

像 GAFA 這類超大型股，
一家公司的結算也可能影響美股全體。

以美股為例，每季稱為Quarter，常表示成「2021 Q1」、「2021 Q2」等。個股的結算時程也會公開在券商網頁上，最好**記下自己手中持股公司的結算日**。

也有許多新聞網站或投資人，會將美股僱用統計或主要個股的結算資訊，用快報的形式將這些消息提供給讀者。

建議大家追蹤、檢查這些資訊，可即時確認僱用統計和結算對股價的影響。

專欄

財報可以參考但不能全信

投資個股時，有時會因為意料之外的事件導致股價暴跌。例如財報造假曝光，投資人對企業和個股失去信心，股價也會暴跌等。雖然這不是常見事件，但過去曾有一家年營收高達1,000億美元的巨大企業安隆公司（Enron），因財報造假浮上檯面，股價暴跌，不到一年公司就破產，也就是俗稱的「安隆風暴」。近年也有在那斯達克掛牌上市的中資企業，因財報造假曝光而下市的事件。

除了這些事件外，也偶有因財報數字不佳、政府強化管制、配息減少等，導致股價大跌的案例。個人投資人面對這種個股特有的事件與暴跌，應該如何是好呢？

先說結論。「個人投資人不可能知道這些檯面下的事」，所以「唯一對策就是分散投資，別無他法」。

財報造假的意思就和字面一樣，也就是窗飾、內部轉移焦點，就是醜聞。一般投資人幾乎不可能事先察覺這種被掩蓋的事實。政府法規的問題、配息減少的決定等，普通人同樣不可能事先察覺。

所以投資人投資前，與其考慮哪家公司財報會造假、哪家不會，不如當成所有個股都可能發生這種醜聞比較好。

對於個股特有的狀況，最好的對策就是持有多檔個股，不要把雞蛋放在同一個籃子裡。

第 4 章

錢不夠卻想買很多股票？ETF 可以幫你

01 下單一次，就能操作五百檔個股

所謂ＥＴＦ，就是將多檔個股合而為一的一支「股票」。美股ＥＴＦ和個別股票一樣，都在證券交易所上市，也有交易的單位。

一次投資五百檔個股

ＥＴＦ有許多種類，例如代表性的股價指數「標普五百」；近年來成長速度驚人的美國科技股ＥＴＦ（ＱＱＱ），或是鎖定高現金殖利率的ＥＴＦ等。

如果要直接分散投資在這些個股上，需要有龐大的資金。

例如投資標普五百的五百檔個股時，必須買進五百個標的，對散戶投資人來說，不論是在資金面或管理面，都是沉重的負擔。

然而如果投資ＥＴＦ，就像是向多數人募款一樣，ＥＴＦ的發行公司會代替投資

何謂 ETF？

Exchange Traded Fund
（＝指數股票型基金）

個股

一家企業上市的股票
投資標的就是那一家企業

單位為 1 股

ETF

一次投資多家企業、個股
投資標的為數十到數千家公司

單位為 1,000 受益權單位（股數）

分散投資需要龐大資金，
又很難管理。
ETF可以用小額資金有效率的分散
風險，是很好的投資方法！

Point

運用、管理都交給 ETF 的發行公司。

人分散投資。

投資人只要管理一檔ＥＴＦ就好，真的很輕鬆。一單位的ＥＴＦ也只要數十到數百美元左右，可以輕鬆分散投資。

此外ＥＴＦ就是個股的集合，當然也可以收到股息。

02 不想買一籃子個股，你可以投資指數

另一種和ETF密切相關的投資，就是股價指數投資。股價指數是顯示股市平均值的指標，如道瓊工業指數、標普五百、日經指數等（編按：如元大台灣50，成分股包含臺灣上市股票市值前五十大的個股）。

投資股價指數的概念，就是持有這些代表整體市場狀況指數的股票，以獲得市場成長平均值的結果。投資成長速度驚人的國家的股價指數，報酬也很驚人，特別是美股股價指數，更可謂打遍全球股市無敵手。

股價指數投資有以下優點：

- 只要投資「成長市場」，就可以獲利。
- 投資整體市場，因此有充分的分散效果。

透過指數股票型基金投資整體市場

所謂指數投資……

和特定的股價指數連動

美股市場平均值持續上升，所以可以透過投資美股股價指數，享受美國經濟成長的紅利。

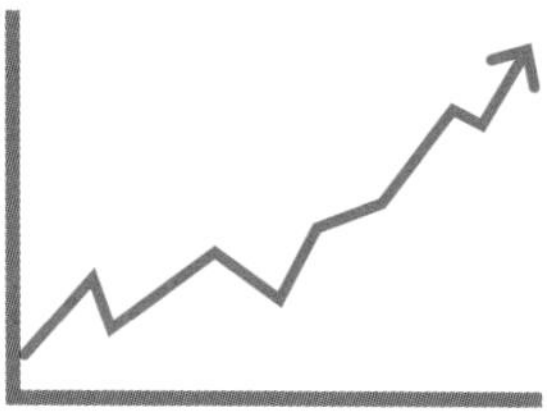

股價指數投資三大優點：

❶只要投資成長市場，就可以獲利。
❷投資整體市場，因此有充分的分散效果。
❸單純的平均值，成本低廉。

全球代表性股價指數

美國：紐約道瓊、標普500
日本：日經股價、TOPIX
英國：FTSE100
德國：DAX
中國：上證綜合指數
臺灣：元大台灣50

Point

想用小額資金分散投資時，
股價指數投資是不可或缺的工具！

・單純的平均值，成本低廉。

主動投資成本高

和指數投資相反的概念就是主動投資，也就是選擇並投資市場上，「獲利好像會高於市場平均（股價指數）」的個股。

例如「今後健康照護產業應該會成長，從中選擇業績優良個股來投資吧！」這就是主動投資的想法，也就是主動式基金的形態，是投資信託的常用手法。這種方式的確有可能賺大錢，但也可能賠錢做收。

此外選定個股也需要投入成本（時間），所以缺點就是成本高於指數投資。

03 懶人想賺錢，要守紀律

前面已經多次提到美股市場成長顯著的事實，而美股股價指數長期以來都呈左下右上的走勢，如果想搭上這股浪潮增加資產，說得極端一點，「投資美股可以只投資股價指數」。

過去數十年，不論是在哪個時間點進場，只要一點一滴的持續投資股價指數，資產就可以大幅成長，一定都可以賺到錢。長遠來看，現今美股仍呈現成長趨勢，現在開始長期投資股價指數，應該也可以充分獲利。

而且這麼做也不需要花太多時間分析、選定個股，對於忙碌的人來說，股價指數投資可說是最佳投資方法。

過去30年間的標普500

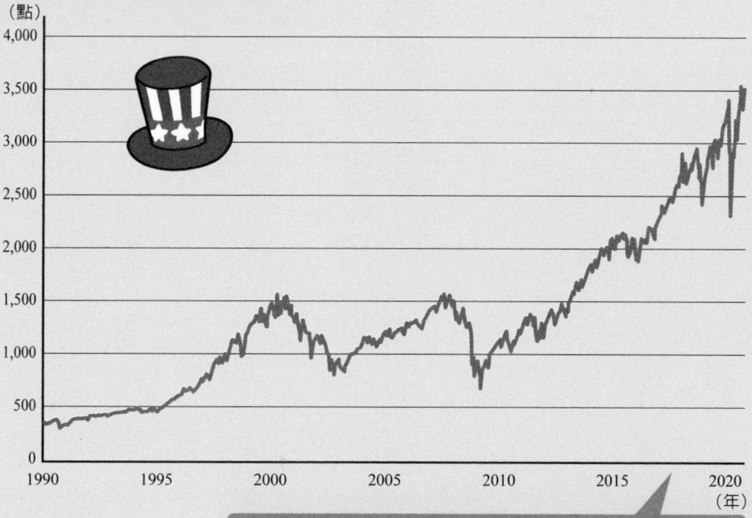

透過買入 ETF，分散投資代表美國的 500 家企業，分散效果、報酬率都極佳！

決定好要投資的股價指數，只要重複每月存入、每月購買即可。不必挑選個股！

Point

歷史告訴我們，過去數十年間只要投資股價指數，每個人都可獲利※。

※參閱第1章第10節。

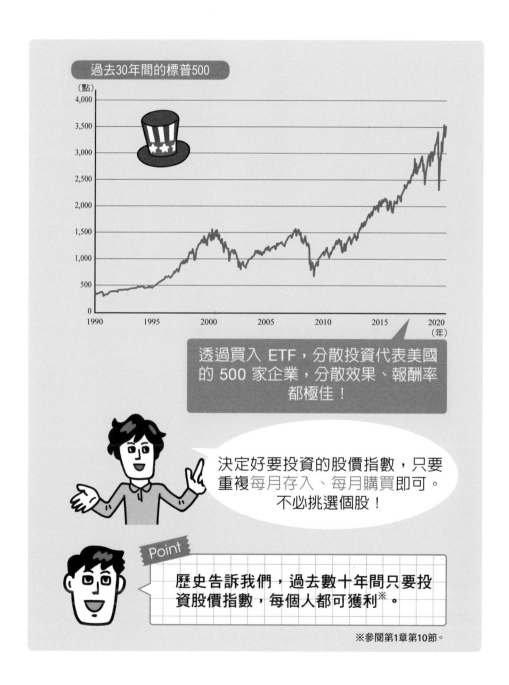

前提是長期投資

不過投資股價指數有一個大前提，也就是要「長期投資」。如果看短期，即使是投資股價指數，平均股價也常常下跌。如果投資在走跌時，短期來看資產會縮水，但如果持續長期投資五年以上，最終還是會轉正，使資產成長。

投資股價指數最重要的一點，就是要把眼光放遠。

04 和美國ETF連動的三大股價指數

代表美股市場平均值的股價指數，以「道瓊、標普五百、那斯達克綜合指數」最具代表性。

道瓊全名為「道瓊工業指數」，是由代表美國的三十家企業組成的股價指數，常被當成「代表美國景氣動向的指標」。

此外道瓊會定期調整三十家企業的組成，只選擇當下最有勢力的大企業。

這雖然是知名度很高的股價指數，但令人意外的是和道瓊連動的指數型ETF很少，反而是標普五百比較常被選擇作為投資標的。

至於標普五百則是代表紐約證券交易所和那斯達克兩大交易所，五百檔主要個股平均值的股價指數。

成分股為五百支個股，讓一般人可以輕鬆分散投資。許多基金和ETF都採用這

代表美國的三大指數

道瓊指數

- 代表美國的 30 家企業平均股價
- 只以當下最有勢力的大企業為成分股
- 新聞常報導的指標

【主要個股】
VISA、IBM、可口可樂、麥當勞、沃爾瑪等

標普 500

- 在兩大交易所掛牌上市的 500 家主要企業平均股價
- 可分散投資許多行業

【主要個股】
波克夏・海瑟威、寶鹼、萬事達卡、迪士尼等

那斯達克綜合指數

- 約 3,300 檔在那斯達克掛牌交易個股的平均股價
- 科技類股多，股價走勢強勁
- 許多指數型 ETF 會投資前 100 家企業組成的「NASDAQ100」

【主要個股】
蘋果電腦、微軟、亞馬遜、臉書、Google等

Point

不同股價指數，會有不同標的和股價波動！和標普 500 連動的商品最受歡迎。

個股價指數，事實上這五百支個股也很常成為投資標的。

另一方面「那斯達克綜合指數」則是代表，所有在那斯達克掛牌上市的個股平均值的股價指數。

GAFA等美國最強勢的科技類股都在那斯達克掛牌交易，所以這項指數很容易受到科技類股影響。

其中還有以最強勢的一百檔個股為成分股的「那斯達克一百」指數，也常成為ETF追蹤的對象。

05 我主攻這三檔ＥＴＦ，今天進場就能賺

接下來要介紹實際的投資標的，首先是投資全體美股的主要指數型ＥＴＦ。

「ＶＯＯ」是投資標普五百的指數型ＥＴＦ，股價波動和標普五百線圖連動。如果想單純投資美股股價指數，只要定期定額投資ＶＯＯ即可。

「ＶＴＩ」也一樣是投資全體美股的指數型ＥＴＦ。

不過ＶＯＯ的投資標的是五百檔大型股，而ＶＴＩ則是三千六百檔個股。ＶＴＩ的投資標的包含ＶＯＯ未投資的小型股，所以可說是真正投資全體美股的ＥＴＦ。

投資五百檔個股已經有充分的分散效果了，但如果覺得「分散投資就是個股數越多越好！」的人，也可以選擇ＶＴＩ。

「ＱＱＱ」則是以那斯達克前段班個股為投資標的，追蹤那斯達克一百的指數型ＥＴＦ。

VOO，Vanguard 標普 500 指數 ETF（Vanguard S&P500 ETF）

和 S&P500 連動的ETF

股價指數投資的捷徑

個股數	約 500 檔
追蹤指數	S&P 500
費用率	0.03%
總淨值	約 1,695 億美元
股價	436.57 美元

VTI，Vanguard 整體股市 ETF（Vanguard Total Stock Market ETF）

網羅美國上市公司
約 3,600 檔個股的ETF

也可投資 VOO 未包含的小型股

個股數	約 3,600 檔
追蹤指數	CRSP US Total Market Index
費用率	0.03%
總淨值	約 1,763 億美元
股價	241.44 美元

QQQ，Invesco 那斯達克 100 指數ETF（Invesco QQQ Trust Series 1）

投資 NASDAQ 前 100 檔個股

集中投資美股中最有成長氣勢的科技類股

個股數	約 100 檔
追蹤指數	NASDAQ100
費用率	0.2%
總淨值	約 1,418 億美元
股價	397.85 美元

※股價以2021年12月底收盤為基準。

因為走勢強勁的科技類股集中在那斯達克前段班，可得到優於VOO或VTI的投資績效。如果要鎖定大規模的資本利得，就不應該錯過QQQ。

但因為投資標的偏重在科技類股，而且只有一百檔，分散效果就不如VOO或VTI了。

06 多加一檔，十大產業任你挑

美股大致上可分成十大產業（Sector），例如成長驚人的科技產業、健康照護產業，不可或缺的能源產業和生活必需品，以及基礎建設等。

每家公司都有其所屬產業類別，因此也可以選擇產業投資ETF。詳情請看下頁一覽表。舉例來說，金融股ETF有「VFH」、能源股ETF有「VDE」等，這些ETF的成分股一〇〇%都是該產業個股。

多買一支，組成自己喜好的投資比例

光投資VOO或VTI等ETF也有充分的分散效果，但其中科技類股占比過高，不見得是讀者喜好的投資比例。此時就可以用「多加一支」的方式，增加購入產業ETF。

十大產業代表 ETF

代號	產業類別	年報酬率（5年間）	殖利率	主要個股	股價（美元）
VGT	科技	22.95%	0.83%	蘋果公司、微軟、VISA、英特爾、Adobe	458.17
VCR	一般消費財	11.58%	0.83%	亞馬遜、麥當勞、耐吉、星巴克	340.66
VPU	公益事業	10.08%	2.78%	道明尼能源（Dominion Energy）、杜克能源（Duke Energy）、美國南方電力（Southern Company）	156.4
VHT	健康照護	8.35%	1.63%	嬌生、輝瑞、艾伯維（AbbVie）	266.42
VDC	生活必需品	6.63%	2.29%	寶鹼、可口可樂、沃爾瑪、菲利普莫里斯（Philip Morris）	199.88
VIS	資本財	6.56%	1.59%	波音、3M、聯合太平洋（Union Pacific）	202.96
VFH	金融	5.10%	2.39%	摩根大通、波克夏．海瑟威、美國銀行	96.57
VAW	材料	4.58%	1.71%	林德集團（Linde）、空氣產品（Air Products and Chemicals）	196.88
VOX	通訊	4.27%	0.73%	臉書、Google、威訊（Verizon）、AT&T	135.56
VDE	能源	-10.95%	5.90%	雪佛龍、康菲石油（ConocoPhillips）、埃克森美孚（Exxon Mobil）	77.61
VOO	S&P500	10.69%	1.21%	波克夏．海瑟威、寶鹼、萬事達卡	436.57

※報酬率引用自 Vanguard 說明書。
※殖利率引用 Google Finance 資料。
※股價以2021年12月底收盤為基準。

每種產業特性不同，有些報酬率高於大盤，也有些產業價格波動會大幅受到油價影響，或配息穩定且金額高等。

雖說都是美股，但按產業分類後，總報酬率和現金殖利率就會出現很大的差異。

請大家充分考慮每種產業的優缺點，決定是否在自己的投資組合中追加產業ＥＴＦ！

07 只想安穩賺，三檔殖利率三％以上的配息ETF

如果想用ETF分散投資，同時又享受高配息與殖利率，建議選擇以「高現金殖利率個股」為主要投資標的之高配息ETF。

這麼做除了可以分散投資到數十甚至數百檔個股，殖利率還可以高於本章第五節提到的指數型ETF。

不同特色的三支高配息ETF

「VYM」是特別重視分散投資與高配息的平衡型ETF，分散投資到現金殖利率較高的四百檔個股。雖然投資標的越多，相對的殖利率會變低，不過能充分發揮分散投資的效果。

「SPYD」則是投資八十檔高現金殖利率個股的ETF，比VYM更為重視殖

用高配息ETF分散投資＋配息收入！

VYM（Vanguard 高股利收益 ETF）

高配息 ETF 中投資標的數最多

最適合想分散投資又想得到配息的投資人

➡殖利率：2.75%

個股數	約 400 檔
追蹤指數	FTSE High Dividend Yield Index
費用率	0.06%
總淨值	約 275 億美元
股價	112.11 美元

SPYD（SPDR 投資組合標普 500 高股利 ETF）

投資 80 檔高配息個股

也投資不動產，瞄準高報酬率

➡殖利率：3.61%

個股數	約 80 檔
追蹤指數	S&P500 High Dividend Index
費用率	0.07%
總淨值	約 19 億美元
股價	42.05 美元

HDV（iShares核心高股利ETF）

投資高股息且財務狀況良好的個股

許多個股年年增加配息，最適合鎖定長期穩定配息的投資人

➡殖利率：3.46%

個股數	約 75 檔
追蹤指數	Morningstar Dividend Yield Focus Index
費用率	0.08%
總淨值	約 55 億美元
股價	100.99 美元

※殖利率引用 Google Finance 資料。
※股價以2021年12月底收盤為基準。

利率。投資標的除了股票，也包含高配息的REITs（參閱本章第十節），很受追求高現金殖利率的投資人歡迎。

「HDV」的投資標的只有七十五檔個股，投資標的財務狀況更佳，且現金殖利率高。其中也包含許多長年以來配息年年增加的穩定企業，最適合想得到穩定配息收入的投資人。

重視分散投資的平衡型VYM、以高殖利率為目標的SPYD、年年配息增加且重視穩定高配息的HDV，請大家根據其特色，決定要投資的ETF！

08 買這一檔，讓你當全球八千七百家公司的股東

在美股掛牌交易的ＥＴＦ中，也有可投資其他國家股市的商品。

雖然美國股市規模全球最大，而且許多跨國企業的交易對象遍及全球，所以光投資美國也有相當的分散效果，不過**也有許多實力足以影響全球的大企業並不在美國**，考慮到今後的經濟成長，除了投資美股外，也可以考慮投資全世界的股票。

例如「ＶＴ」就是終極的分散投資ＥＴＦ，分散投資包含美股在內全球約八千七百檔個股。只要定期定額投資這支ＥＴＦ，就等於是投資全球股市。

但有一點需要注意，也就是雖說是投資全球的ＥＴＦ，但還是以美股為核心。以ＶＴ來說，五七％的投資標的是美股，其次七．四％是日股，中國股票占四．六％，英國股票占四．一％……。

VT（Vanguard 全世界股票 ETF）

個股數	全世界股票約 8,700 檔
追蹤指數	FTSE Global All Cap Index
費用率	0.08%
總淨值	約 151 億美元
股價	107.43 美元

※股價以2021年12月底收盤為基準。

國家構成比率

美國	57.0%
日本	7.4%
中國	4.6%
英國	4.1%
瑞士	2.7%
加拿大	2.6%
法國	2.6%
德國	2.5%
澳大利亞	2.0%
臺灣	1.7%
其他	12.8%

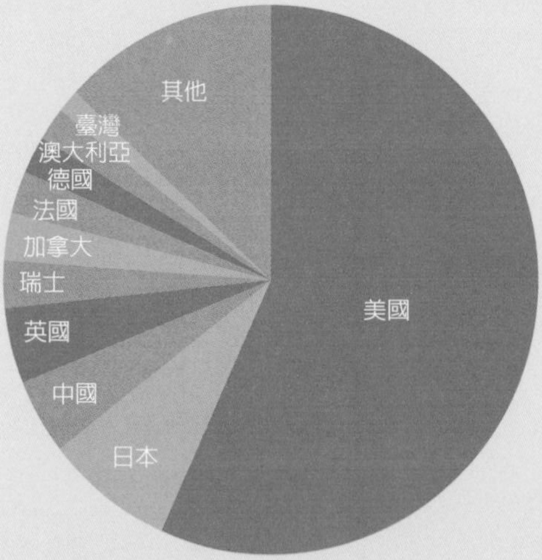

Point

值得注意的是，即使是分散投資全世界的 ETF，美股也占了一半以上！

09 想挑戰高獲利，有一檔，波動比人多三倍

前面介紹了指數型ＥＴＦ，其實也有配合投資目的與主題的變種ＥＴＦ。

「ＳＰＸＬ」、「ＳＰＸＳ」是股價波動為標普五百指數三倍的ＥＴＦ。

當標普五百指數「上漲」時，ＳＰＬＸ價格就漲三倍；ＳＰＸＳ則相反，當指數「下跌」時，價格就三倍速下跌。

不論是漲還是跌，速度都是一般的三倍，所以是短期內可能大賺，或因為股價暴跌而大賠的ＥＴＦ。

「ＴＥＣＬ」則是只投資標普五百的科技類股，而且價格波動為三倍的ＥＴＦ。

針對本來股價就容易大幅波動的科技類股，再用三倍槓桿投資，股價波動更為劇烈。我認為到了這個程度就不是投資，而是「投機」的範疇了。

如果你希望擁有股價暴跌時也不會減少的安全資產，就可以考慮「ＧＬＤ」。這

各種不同的變種 ETF

SPXL（Direxion每日三倍做多標普 500 ETF）
SPXS（Direxion每日三倍看空標普 500 ETF）

股價波動為標普500 3 倍的 ETF

以投資績效為標普500 的 3 倍，或負 3 倍為目標。

個股數	約 500 檔
追蹤指數	S&P500（3倍槓桿）
費用率	1.01% / 1.07%
總淨值	15 億美元 / 6 億美元
股價	143.41 美元 / 16.38 美元

TECL（Direxion 每日三倍做多科技業 ETF）

只投資標普500 科技類股股價波動 3 倍的 ETF

手續費高，適合短期進出、投機。

個股數	72 檔
追蹤指數	Technology Select Sector Index
費用率	1.08%
總淨值	19 億美元
股價	86.23 美元

GLD（SPDR 黃金 ETF）

投資、持有「黃金實物」的ETF

價值穩定，不景氣時會漲的安全資產。

個股數	黃金
追蹤指數	和每 0.1 盎思的金價連動（1顆金幣＝1盎斯）
費用率	0.4%
總淨值	約 786 億美元
股價	170.96 美元

※股價以2021年12月底收盤為基準。

是投資全球公認的安全資產——「黃金」的ＥＴＦ。

不論景氣多麼差，黃金都能維持一定的價值，所以是極為抗跌的商品。

當景氣動向持續不明時，為了守護資產，越來越多投資人會去買黃金，價格也就水漲船高。

對投資人來說持有的商品雖然是ＥＴＦ，但其運用公司會實際持有黃金，以確保商品價值。

10 不動產信託 Reits，不用出國也能當外國包租公

說到投資美國，除了股市之外，其實不動產市場也很活躍。美國是已開發國家中少見的人口成長國，投資規則明確又公開透明，所以不動產也可以和股市一樣當作主要的投資對象。

用房租收入配息

「REITs」（不動產投資信託）可以用和股票相同的形式，投資不動產。這種投資方法不是真的擁有不動產，而是投資經營不動產的企業，然後該企業用房租收入來配息。

美國的 REITs 因為有把房租等收益當成配息，可享受優惠稅率的制度，因此大都積極配息還原股東，容易出現高殖利率。

投資不動產的「REITs」

向投資人募資，把資金投資到不動產運用，
再分配租賃收入

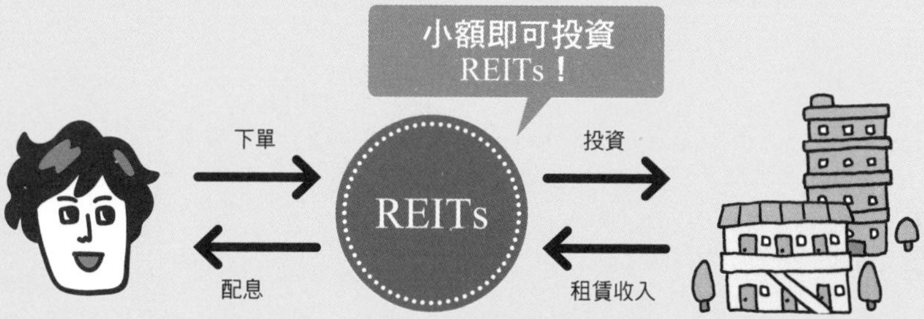
小額即可投資
REITs！
下單
配息
REITs
投資
租賃收入

IYR（iShares美國房地產指數ETF）

分散投資多檔美國 REITs 的 ETF

只要投資這檔 ETF，就可以投資通訊設備、流通設備、醫療設施等大範圍的不動產

個股數	不動產 REITs 約 80 檔
追蹤指數	Dow Jones U.S. Real Estate Index
費用率	0.42%
總淨值	約 41 億美元
股價	116.14 美元

※股價以2021年12月底收盤為基準。

用收益為配息，可享優惠稅率，
因此美國 REITs 有許多高配息、
高殖利率的商品。

美國上市的REITs有很多種，也可以購買投資標的包含REITs的ETF，間接持有。例如「IYR」就投資約八十檔美國REITs。

但有一點必須注意的是，REITs畢竟是在股票市場掛牌交易的商品，因此當發生全球股災時，也會受到波及而大跌。

如果是不動產實物，大都不受股市暴跌影響，可維持資產價值，但REITs的價格波動就和股票一樣。

很多人常把不動產投資信託和實際購買不動產混為一談，其實最好把REITs當成是股票投資比較正確。

11 ETF不是一家公司，配息誰決定？

有關ETF的配息方式如下：每個投資標的配息會先集中在ETF內，然後扣除各項費用等，再以「一單位幾美元」的形式配息給ETF持有人。ETF的配息和個別股票一樣，原則上一年四次，支付美元現金。

配息金額每次不同，有時會增加，有時會減少。這是因為ETF的投資標的很多，每個時間點、每檔個股配息金額和投資比例也不同，在複雜的要素交互影響下，最終決定配息金額。

ETF配息金額會變動

例如投資標的中有高現金殖利率個股，但因為某些原因該檔個股的占比由三％降低到二％，ETF的配息金額就會因此變少。

原則上一年4次，和
個股同時期配息

■投資美國全體的ETF「VTI」過去20年的配息實績

($)
1.00
0.90
0.80
0.70
0.60
0.50
0.40
0.30
0.20
0.10
0.00
2002
2004
2006
2008
2010
2012
2014
2016
2018
2020
(年)
短期雖反覆增減，但
長期仍為增加的趨勢

Point

雖然短期來看配息可能會減少，
但重要的是長期收益！

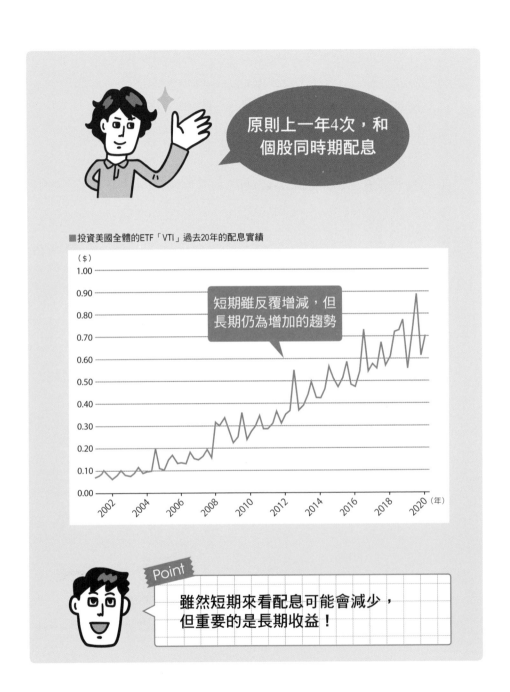

其他像是原本現金殖利率高的大企業，因為經營狀況不佳等原因減少配息，甚至不配息時，也會讓ETF的配息金額變少。

因此短期來看，「ETF配息減少」其實很常見。以投資美國全體的VTI為例，它的走勢也是短期配息，有時增加有時減少，但長期來看是左下右上的成長趨勢。

ETF比個股更需要把眼光放長遠，就算配息減少，也要分析這是暫時性變化，還是長期影響，再決定是否停止定期定額或退場等。

專欄

臺灣也有追蹤美股指數的臺灣ETF

本書介紹的是美股和在美國掛牌交易的ETF，其實也有追蹤美股指數的臺灣ETF。

例如投資標普五百的商品，就有元大標普五百基金（00646）。

這檔基金由臺灣本土投信發行，直接參與美國市場投資，採用指數化策略，扣除各項必要費用後，盡可能追蹤標普五百指數之績效表現為操作目標。

追蹤誤差＋匯率變動

投資標的雖然相同，但價格波動多少會隨著匯率、誤差而改變。

・美國ETF「VOO」——當地美元的價格。

活用臺灣的ETF

元大標普 500 基金（00646）

和標普500 連動的 ETF

股價受「標普500」和「美元匯率」兩者變動的影響

個股數	約 500 檔
追蹤指數	標普500
費用率	0.66%
總淨值	約新臺幣 670 億元
股價	新臺幣 40.68 元

VOO（紐約證券交易所上市）

和標普500 連動的ETF

可用美元購買

股價受標普 500 價格波動的影響

個股數	約 500 檔
追蹤指數	標普500
費用率	0.03%
總淨值	約 1,695 億美元
股價	436.57 美元

※股價以2021年12月底收盤為基準

Point

追蹤誤差、匯率，皆會影響波動。

・元大標普五百——將資金八〇%投資於標普五百，剩餘的二〇%投資其他有價證券投資及證券相關商品交易。主要資產為美元計價、淨值以新臺幣計價，股價會受到新臺幣兌換美元的匯率影響。

投資美股當然最好是購買美國ＥＴＦ，但如果是海外股票或黃金投資ＥＴＦ等，不以美國為對象的商品，購買在本土上市的ＥＴＦ也就夠了。

例如黃金投資，也有元大標普高盛黃金（00635U）可以參考。

第 5 章

不想自己操盤與下單？就買基金吧！

01 投資標的跟ETF一樣，但你無法即時買賣

基金是一種金融商品，向投資人募資以投資特定標的（股票、債券、不動產等），是很受大眾歡迎的理財方法，可以輕鬆持有海外標的，而且現在也有許多定期定額的方案。

基金標的種類繁多，包含國內、已開發國家、新興國家的股票或債券等。其中一種投資標的就是美股股價指數。

和ETF有什麼不同？

舉例來說，投資標普五百的基金，和一樣是投資標普五百的ETF，投資標的、比率完全相同。

追蹤的指數（指標）一樣，所以投資標的也一樣，結果就會出現一樣的價格波

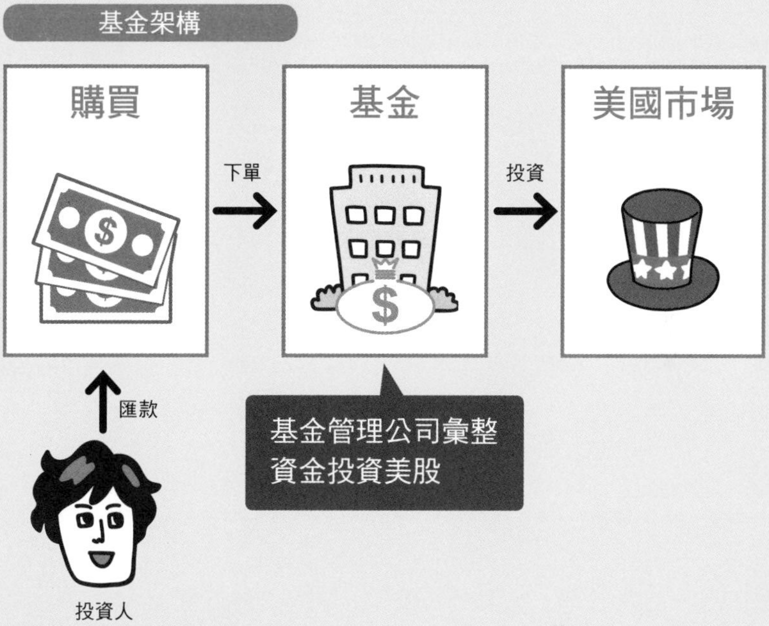
基金架構
購買
下單
基金
投資
美國市場
匯款
基金管理公司彙整
資金投資美股
投資人

基金和ETF主要的差異

❶基金為長期投資專用商品
❷無法像個股、ETF一樣即時下單
❸很簡單就可以自動定期定額投資

Point

每個人適合的投資方法不同，
讀完本章再決定是否選擇基金吧！

動。順帶一提，基金價格稱為「單位淨值」。

架構雖然類似ＥＴＦ，但最大的差異就是能否和個股一樣即時交易。

ＥＴＦ可以用一單位買賣，下市價單或限價單即時交易，而基金的價格波動一日只有一次，買賣也會出現一日左右的時間差。

也就是說**基金不適合即時買賣，是長期投資專用的金融商品**。

02 定期定額投資的最佳選擇

到底應該選擇買基金還是投資個股呢？這個問題就要「看你投資的目的」了。

首先基金有以下兩大優點：

1. 再投資免稅（編按：境外基金收入屬於海外所得，如果海外所得加所得淨額未達六百七十萬元，則不用課稅）。
2. 可以完全放著不管，獲利會滾入本金再投資。

獲利配息自動滾入投資

基金投資標的的配息與獲利，會滾入基金淨值中再投資。（編按：臺灣境內基金不管基金的投資標的是國內，還是海外的有價證券，買賣差價的獲利〔資本利得〕，

個股投資與基金的差異

個股投資的優點

❶可自由投資成長幅度大的個股
❷可獲得配息收入

基金的優點

❶再投資免稅
❷可自動定期定額投資（完全放著不管）

選擇哪一種要看「投資目的」

想積極投資美股，
賺取資本利得與
配息收入！
想增加自己的資產，
但要盡量避免麻煩，
原則上想放著不管！
投資個股
買基金

Point

各有優點！也可以兩種都試試，
選擇適合自己的方法。

皆不須課稅；配息則為低於二十七萬免稅。作者認為，從這個角度來看，基金的架構在稅務方面較有利。）

只要「決定金額並設定好定期定額」，之後每個月就會自動扣款。此外也可以用新臺幣購買，不用兌換成美元，再加上基金內的投資標的也固定，不用選擇標的。

例如設定「每月投資一萬元購買投資標普五百的基金」，之後什麼都不用做，基金就會繼續投資。

要準備退休資金的話就用基金

從這個角度來看，基金可說是適合「想增加資產、自動投資的人」的商品。如果是為了準備退休想增加資產，就定期定額購買在稅務方面較有利的基金，然後放著不管，這可說是相當合理的投資方法！

03 小心月配息基金，配的可能是你的本金

接著來整理一下個股、ＥＴＦ和基金的差異吧。主要可以分成以下四類：

1. 美股個股（在美國上市）。
2. 美國ＥＴＦ（在美國上市）。
3. 國內ＥＴＦ（在臺灣上市）。
4. 基金（在臺灣銷售）。

個股、ＥＴＦ和基金最大的差異，就在於配息獲利的支付方式。個股和ＥＴＦ都是用現金支付股息。美股、ＥＴＦ支付美元（臺灣ＥＴＦ支付新臺幣），都直接匯入券商帳戶。

各種投資商品的差異整理

	美股個股	美國ETF	臺灣國內ETF	基金
上市、購買方法	在美國股票市場上市	在美國股票市場上市	在臺灣上市	銷售公司銷售
貨幣	美元	美元	新臺幣	新臺幣
投資獲利	收到配息	收到配息	收到配息	滾入本金再投資
購買手續費	有	有※1	有※1	無※2
持有期間手續費	無	有（內扣費用）	有（內扣費用）	有（信託保管費）
最適合的投資目的	高成長、高配息	美股股價上漲與配息	台股或全球股價上漲	長期投資增加資產

※1 有些券商也提供零購買手續費的ETF。
※2 因基金而異，近年來也有許多零購買手續費的基金。

Point

**各種商品都可以投資美股，
請視目的來選擇投資方法吧！**

如同上一節的說明，基金的獲利則會自動滾入本金再投資。

月配息基金有可能吃掉本金

各位要小心月配息基金，這是一種就算減少本金也要配息的基金。這種基金即使沒有獲利，也要支付投資人事先約定好的配息金額，所以有可能會減少本金，是最不適合用來增加資產的投資。

然而ＥＴＦ不會減少本金，如果投資沒有獲利，配息雖然會歸零，但投資人持有的單位不會減少。

近年來有許多標榜零手續費的基金，可是ＥＴＦ因為和股票一樣掛牌上市，所以買ＥＴＦ和買股票一樣有手續費。

此外只有個股在持有期間無手續費，ＥＴＦ和基金都有其他內扣費用。

04 為什麼這幾年大家不愛基金？手續費很貴

買基金有三種成本：

1.申購手續費（購買時的成本）。
2.信託管理費（持有期間的成本）。
3.贖回手續費（出售時的成本）。

一定會有信託管理費

每種成本都因基金而異。最近很多基金不收1和3的手續費，但所有基金持有期間一定都有信託管理費。這項費用以％表示，根據持有金額以一年幾％來計算。

舉例來說，持有一百萬元的基金，信託管理費如果是一年一％，就表示每年會被

基金三大成本

❶申購手續費：購買時的成本

手續費率會因券商和基金而不同

近年無申購手續費的免傭基金（No-load Fund）是市場主流，投資美股就選擇零手續費的基金吧！

❷信託管理費：持有期間的成本

每檔基金不同

【例】購買 100 萬元信託管理費 1 %的基金，持有 1 年時

100 萬元 × 1% = 1萬元

（從持有的資產中扣除）

正確做法就是盡可能選擇信託管理費較低的基金！

❸贖回手續費：出售時的成本

近年來無贖回手續費的基金也越來越多了！

Point

一樣是投資美股股價指數的基金，每檔基金的三大成本可能大相逕庭，一定要注意！

扣一萬元的信託管理費。

就算沒有獲利也會有成本

這裡要提醒大家注意，**投資的世界中一定會有成本，但可不一定會獲利。**即使投資標的相同，不同的基金會有不同的信託管理費，可能是一％，也可能只有〇．五％。**如果想讓獲利極大化，投資時應盡量選擇成本低的基金與ETF。**

根據以上說明，以基金來說「手續費低絕對比較有利」。如果要透過基金投資美股，就選擇以標普五百等股價指數為投資標的，而且手續費較低的基金吧。

第6章

我的懶人流投資法

01

沒人能預測未來，我用歷史做判斷

本章要為大家詳細說明，二十多歲懶人（我）的懶人流投資方針！

我會根據前面說明的美股整體趨勢與原則，執行投資計畫。雖然不能說這樣做就穩賺不賠，但本章要說明的方法有眾多美股投資人實踐至今，應該不會有錯。

不在意短期不景氣

首先因為有「美國市場全體看漲」的大前提存在，我們就根據這個前提，機械性的操作。

即使遇上短期不景氣或下跌，也抱著過去數度突破蕭條的美股，「再次復活反彈上漲的可能性很高」的想法，持續投資。

懶人流投資法

懶人如我不會一直盯著大盤看，
偏好幾乎可以放著不管的方式

投資美股的大前提

❶美國市場今後仍將成長

❷沒有人可預知未來，預測也沒用

❸過去的數據資料確實存在，參照這些資料投資

投資人很難預測下一波輪到哪國股價漲、哪檔個股漲

過去數十年間美股持續上漲，本身也是人口成長的市場，還有許多可以享受海外成長紅利的跨國企業！

Point

短期下跌別在意，機械性下單！

沒人能預測未來

我個人的立場是「沒有人能預測未來，但過去的數據資料確實存在」。美國經濟今後會持續成長還是步上衰退……這種事沒人說得準。

同理可證，哪檔個股數年後會漲數十倍？哪國的股價指數會持續成長？這也是無法預測的事。

然而以美股來說，過去一百年以上經濟持續成長，工作人口也持續增加，長期來看股價也的確上漲。這些都是事實，而我就是根據這些實績投資。

02 人有惰性和忘性，所以得靠機器

本節為大家說明實際投資美股的流程。我是利用證券戶＋網路銀行的組合，投資基金與美股。

買美元→下單美股

1. 利用網路銀行的外幣定期定額服務，每週買進定額美元。
2. 累積數百美元後，將美元匯入證券戶。
3. 下單買進美股或ＥＴＦ。
4. 長抱買進的股票與ＥＴＦ。
5. 配息收入的美元繼續投入作為投資本金。

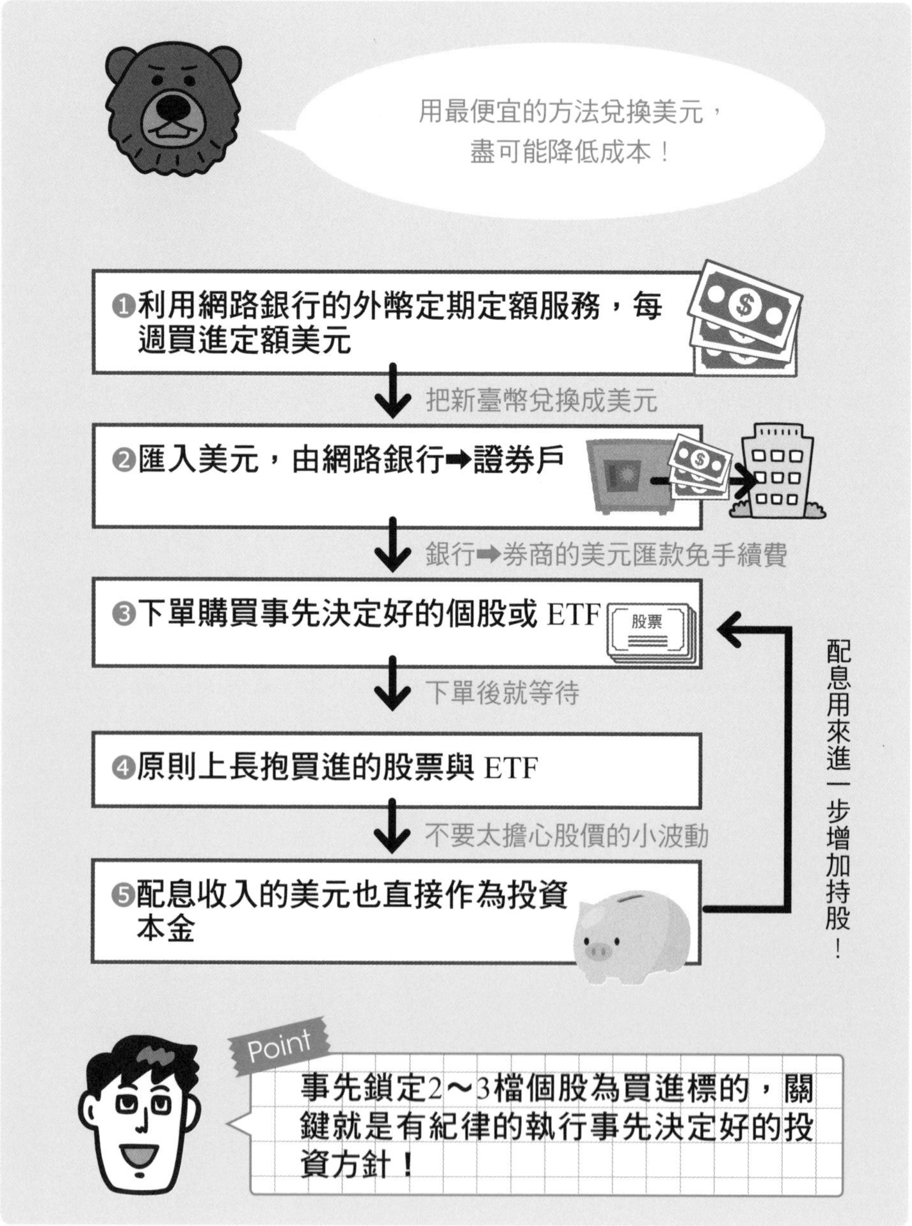
用最便宜的方法兌換美元，
盡可能降低成本！
❶利用網路銀行的外幣定期定額服務，每週買進定額美元
把新臺幣兌換成美元
❷匯入美元，由網路銀行➡證券戶
銀行➡券商的美元匯款免手續費
❸下單購買事先決定好的個股或 ETF
股票
下單後就等待
❹原則上長抱買進的股票與 ETF
不要太擔心股價的小波動
❺配息收入的美元也直接作為投資本金
配息用來進一步增加持股！
Point
事先鎖定2～3檔個股為買進標的，關鍵就是有紀律的執行事先決定好的投資方針！

某些網路銀行有外幣定期定額服務，讓存戶可以指定每月、每週、每日自動買進美元。只要把資金存入網路銀行帳戶，就可以自動扣款買進投資美股需要的美元，而且這項服務的匯兌手續費通常都非常低。

等到定期定額買進的美元累積到數百美元，就把美元匯入證券戶，下單買進美股。買進標的為穩定配息股或ＥＴＦ，只要在匯入時下好限價單，之後就可以放著不管了。

在「美國市場持續成長」的前提下，我不在意購買時機或價格等，而是像機械一樣，定期定額購買。

03 別人恐懼我貪婪，市場超跌我就超買

股市定期會有牛市、熊市的循環，所以只要持續投資，一定會遇上全面大跌的狀況。**我會特意在一片慘紅**（編按：美股顏色標示為「綠漲紅跌」，與台股相反）**的局面中，買下超跌的穩定配息股；**「過去曾經挺過幾次蕭條危機」，也是買進的評斷標準之一。

美股至今曾面臨九次左右的經濟蕭條（Recession），但也有不少企業能安然度過這種大危機，還能在這種時候持續穩定配息，這種優良紀錄越多，今後也穩定配息的可能性就越高！

然而最近的新冠疫情導致經濟活動停擺，有一些企業終於撐不下去了，決定減少甚至停止配息。

舉例來說，因為人員不再移動，搭乘飛機的需求銳減，二〇二〇年三月波音公

不景氣更要買穩定配息股

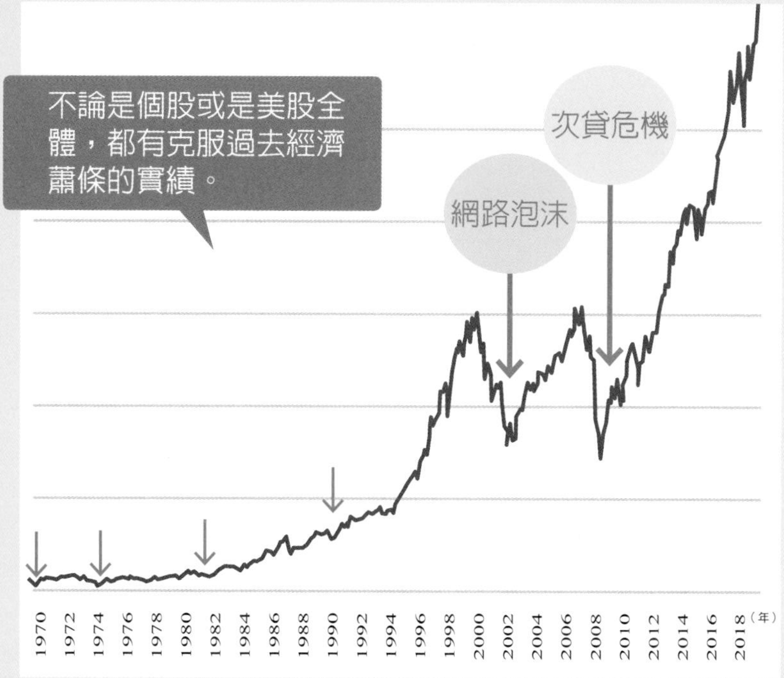
不論是個股或是美股全體，都有克服過去經濟蕭條的實績。
網路泡沫
次貸危機
1970
1972
1974
1976
1978
1980
1982
1984
1986
1988
1990
1992
1994
1996
1998
2000
2002
2004
2006
2008
2010
2012
2014
2016
2018
(年)

即使是穩定配息股，不景氣時股價也會跌。

然而那不是企業本身的問題，而是大環境的問題，等到景氣復甦，股價自然回升。

➡不景氣時也是便宜買進穩定配息股的良機！

司就因經營上的困難而完全停止配息。其他像是石油大廠殼牌公司（Royal Dutch Shell）也宣布減少股息。

我認為，今後的企業將分成新冠疫情勝犬組與敗犬組（受疫情直接衝擊的業種）。但投資人很難精準預測到這些狀況，所以就算是穩定配息股，也要分散投資，避免雞蛋全放在同一個籃子裡的風險比較好。

04 出現兩指標，我會停損出場

懶人投資法不是一定成功，對於股價不可能上漲，或無法達到穩定配息等目的的個股，也必須停損賣出。

我的停損基準為以下兩點：

1.因非市場暴跌的理由，股價大跌二〇％以上。

2.減少配息或停止配息，無法達成原本投資目的。

我把停損線設定在「下跌二〇％」，不過當全市場暴跌時，即使是穩定配息股也可能有近二〇％的下跌。

如果每次遇上全市場暴跌就要停損出場，那就像是狼狽逃跑一樣（害怕大跌而賣

懶人流停損基準

①因非市場暴跌的理由，股價大跌20%以上
②減少配息或停止配息，無法達成原本投資目的

買股票前要先決定好目的！

- 靠股價上漲獲利（鎖定資本利得）
➡股價不如預期反而下跌時就停損

- 獲得穩定配息（鎖定現金收入）
➡減少或停止配息就停損

如果目標和停損設定模糊不清……

不能達成目的卻放著不管的股票，最終會演變成「套牢股」，最好儘早停損出場，把資金轉進投資股價指數或其他穩定的投資方法。
➡不要讓自己的資產睡著了

Point

決定投資標的時，要先決定好目的和停損線，並據此機械性的操作！

光股票），所以當全市場暴跌時，原則上我不會趁機停損認賠殺出。

不過，若是買進原以為可以穩定配息的股票，結果後來因為公司經營不善等原因而減少、甚至停止配息，而且股價下跌近二〇％時，我就會忍痛出場。

弄清投資目的

當穩定配息減少，甚至停止配息時，就無法達成原本的投資目的。這就相當於鎖定資本利得的投資，卻因財報數字難看，導致股價下跌無法達成目的一樣。

買進股票時如果沒有明確的目的，就很可能發生股價下跌時也不出場，持續抱著不放的結果。

購買股票前要先決定好目的和停損線，然後一樣機械性的操作停損，這才是最好的做法！

05

一次買還是分批買？看你有多怕失敗

如果手邊有數十到數百萬的一筆完整資金，用以下哪種方法投資才好呢？

1. 一次購買，一口氣投入全部資金。
2. 每月定額購買。

我建議大家採取2定期定額購買的做法。

例如你有一筆兩百萬的資金，就每個月投入十萬元，總共投資二十個月。

我之所以建議這麼做，是因為在「無法預測未來」的前提下，「無法判斷現在是否應該投入所有資金」。一次投入所有資金，之後的景氣動向可能會讓你上天堂，但也可能讓你下地獄。

一次購買還是定期定額購買？

現在你的銀行帳戶裡有辛苦存下來的 200 萬元。
這筆資金用什麼方法投資才好呢？
❶一次購買，一口氣投入全部資金（一次購買）
❷每月分開購買（定期定額購買）

❶一次購買

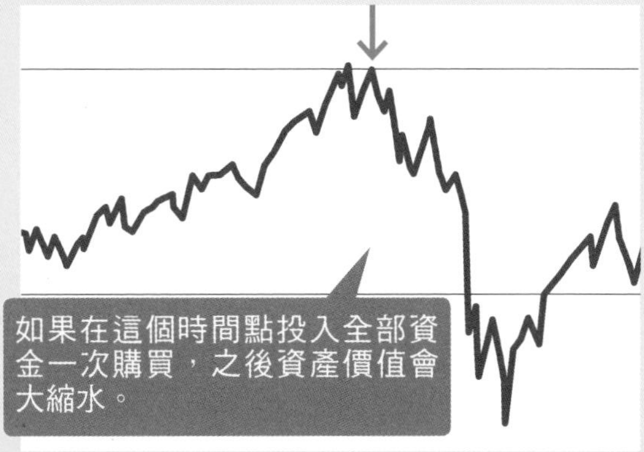
如果在這個時間點投入全部資金一次購買，之後資產價值會大縮水。

購買的當下股價到底是低還是高，必須待時間經過後才能判斷。
➡無法知道未來走勢，所以要盡可能規避風險。
根據這種概念，建議採取❷定期定額購買的做法。

❷定期定額購買

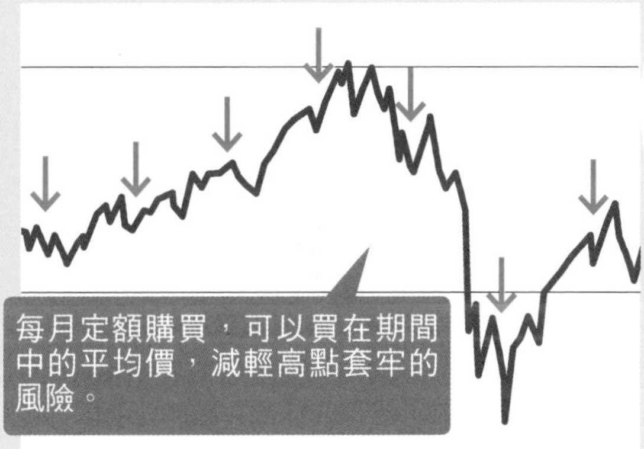
每月定額購買，可以買在期間中的平均價，減輕高點套牢的風險。

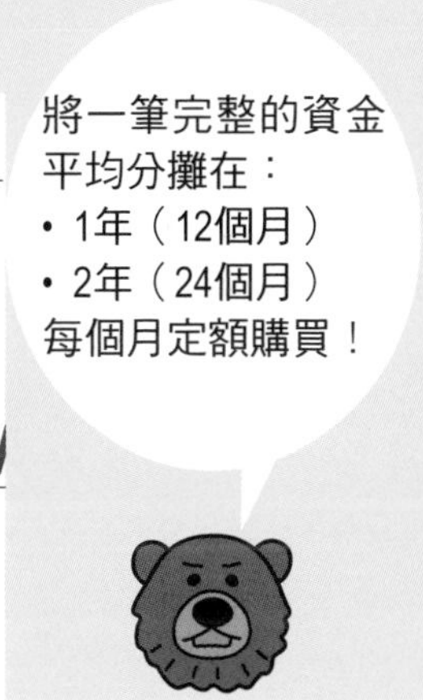
將一筆完整的資金平均分攤在：
• 1年（12個月）
• 2年（24個月）
每個月定額購買！

・所有資金投入之後股價漲——獲利。
・所有資金投入之後股價跌——損失。

例如拿兩百萬全數買入標普五百的指數型ＥＴＦ，後來股價暴跌，就等於是用高價買進市場平均，資產價值因此大縮水。

當然也有相反的可能。不過因為投資人無法預測股市何時暴漲，何時暴跌，我還是認為分散投入資金比較好，這樣無論未來趨勢如何變化，都不會有問題。這種做法沒有暴利，但也不會失敗。

我認為長期持續投資是成功的關鍵，所以我會選擇失敗可能性較低的方法。

06 手握現金，等待暴跌來臨

美股一旦暴跌，全球各國所有資產也都會受牽連而大跌，瀰漫著悲觀的氣氛。不過在股票投資的世界，暴跌時就是機會。只要換個角度，**市場暴跌時其實就像跳樓大拍賣，可以趁機撿到許多便宜的好貨。**

例如平常股價兩百美元的穩定配息股，可能只要一百美元就可以買到了。這麼一來，同樣的投資資金可以買到兩倍的股票！

備妥現金「等待暴跌」

為了不錯失這種機會，我會定期存美元在外幣帳戶中；做法也是事先決定每個月存入的金額，然後先不投入市場，而以美元的形式持有。

有額外收入（獎金）時，我也不會只是單純存起來，而會兌換成美元，作為「投

存錢等待下次暴跌

暴跌時會發生的事

- 全體市場籠罩在恐怖氛圍中，賣單湧現
- 股價全部下跌
- 穩定股也受牽連下跌

暴跌其實也是機會，
為了買到之前就想買的個股，
平常就要存好可以立刻拿出來
用的資金（現金）！

每月兌換數十美元，存起來作為
股票投資的本金，
額外收入等也要記得兌換成美元
存起來！

為了暴跌時能不受恐懼左右，買進股票：

- 事先決定好「這檔個股到〇美元時就買進」的標準
- 時機來臨時就根據標準機械性買進

➡要靠股票增加資產，就必須擬定原則，
並確實遵守！

資美股需要的現金」。

事先設定好買進標準，遵守紀律才會賺

話雖如此，看到股市暴跌時，出手進場的心理障礙還是很大。暴跌時市場都相當悲觀，在這種氣氛下大手筆投資，的確需要很大的勇氣。

所以為了確實執行，最好事先設定好基準，如「這檔個股到〇美元時就用現金買進」，根據事先決定好的標準，機械性的下單買賣。

07 核心衛星戰略，股息價差都能賺

我有一個投資方針，名為「核心衛星戰略」。

這個方法就是將投資分成兩塊，一是「核心」，也就是構成自己資產基礎的穩定投資；二是「衛星」，也就是鎖定高殖利率或資本利得，投資在成長股等。這兩者投資同時進行的戰略，就是核心衛星戰略。

核心投資要穩定

核心投資的最終目的是「增加資產」，所以大部分必須是穩定投資。

而穩定指的是「長期」穩定成長，所以投資全市場的股價指數型基金，就是我的核心！如果更追求資產穩定，也可以把相較於股票波動較小的商品如現金、債券、黃金定期定額等，放入投資組合中。

何謂核心衛星戰略？

〔衛星〕
投資成長股、高殖利率股
〔核心〕
資產的
核心部分
指數型ETF等可望穩定成長的投資
科技股、高殖利率股
每個月購買指數型 ETF 組成核心；
當個股超跌，或發現成長股時，
就使用衛星投資！
Point
確保核心資產的穩定，便可安心挑戰衛星，增加報酬！

衛星追求高成長

除了以指數投資為核心，我還會把成長領域（如科技股）和個股投資當成衛星。具體來看，我主要購買投資全體美股的ETF「VTI」作為核心，並加入近年來成長劇烈的科技股「QQQ」作為衛星。

個股也是衛星

另外鎖定高殖利率、穩定配息的個股，也可以算是衛星投資。如果遇上第六節提及的相對低檔，我也會買入個股。

08 核心投資七成，衛星投資占三成

除了像這樣機械性的投資指數外，有時我也會鎖定高殖利率或資本利得標的。不過我個人之所以投資個股，其實還有一個理由是「因為有趣」。

要長久待在投資的世界中，**光是完全放著不管並不夠，我想祕訣在於也必須適度樂在其中，挑戰自己有興趣的標的。**

我認為投資股價指數的缺點是無法累積「投資經驗」，也就是考慮、選定個股標的，判斷股價如何變動、什麼時候進場、出場等。

放著不管很有吸引力，但如果所有投資都放著不管，就算長期投資也永遠不會知道股價波動和波動理由。然而，也有人不投資股價指數，希望透過集中投資個股，在短期內賺大錢，不過我認為要實現這個目標非常困難。

換言之，投資股價指數也投資個股，是個不錯的選擇。

試著投資自己感興趣的標的

我知道股價指數投資很有效率，但我也想試試積極投資成長幅度大的個股……

首先確保核心投資，然後嘗試挑戰多種標的累積投資經驗，我認為也是很好的做法！

只投資指數的缺點

- 無法由個股資訊決定要投資的標的
- 學不到結算或事件和股價波動的關係
- 無法體驗投資失敗這種寶貴的經驗

➡無法累積投資經驗

衛星投資的注意事項

- 衛星投資一定是「小額投資」
- 建議核心衛星比為7 ： 3左右

➡最重要的是穩定生活資產！

Point

最令人擔憂的是一次就被擊沉和缺乏經驗，為了長久待在股市，請好好分配資產投資吧！

09

想提早財富自由，有公式可以計算

如果要每個月投資美股，拿出多少收入來投資比較好呢？

這是大家都會面臨的問題……這會因為收入、支出、年齡，以及願意承擔多少風險而不同，所以很難有標準答案。

視目的決定比例

順帶一提，我個人是拿出二〇%～三〇%的收入投資。

理由是我個人的固定支出並不多，而且就算承擔一點風險，我還是想投資美股，累積自己持有的股數，趁年輕時增加穩定的被動收入。

我本人就是一個懶人，所以我希望儘早退休。投資美股的終極目標，就是有一天可以靠美股的股息度日。

應該拿出多少收入投資？

想提早退休，就該拿出20%～30%的收入投資！

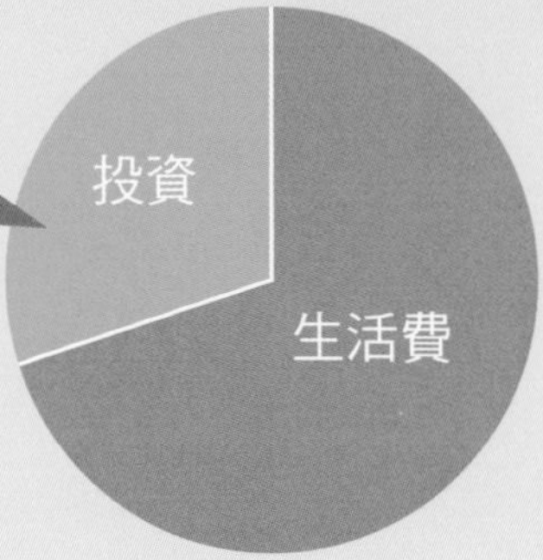

趁早累積自己持有的股數，
未來就能收穫穩定被動收入。

目標：用配息收入支付生活費

投資收益由以下的方程式決定

投資金額 × 投資期間 × 殖利率

Point

如果接下來還可以投資美股很長的期間，拿出收入的10%也就夠了。

決定投資收益的方程式

投資收益可以用「投資金額×投資期間×殖利率」的公式計算。若能拉長投資期間，就算只拿出收入的一〇％投資，也可以因為複利效果而增值。

例如正在衝刺事業的年輕人，又要負擔房租和扶養家人等固定開銷，該怎麼辦呢？如果接下來還可以長久工作，就優先考慮生活費和固定支出，先拿出一〇％收入投資，也是很好的選擇。

反之如果可用來投資的期間越短，就要準備越多金額投資，這類人就應該拿出二〇％～三〇％的收入，積極操作。

10

保留三個月的生活資金，剩下的才能投資

投資很重要，但更重要的是眼前的生活，所以投資時應該使用閒置資金。

每月的收入大致可以分成兩類：

・生活資金（生活費、固定支出）。
・閒置資金（剩餘的現金）。

生活資金會因每個人的收入和支出而不同。

我認為應該先確實掌握自己需要的生活費用，再用剩餘的資金在不勉強的範圍內持續投資。

每月收入分 2 類

閒置資金
收入減去生活費用後剩餘的資金
➡可自由選擇要投資還是儲蓄

生活資金
每日生活的必要資金，包含房租、水電、伙食費等固定支出

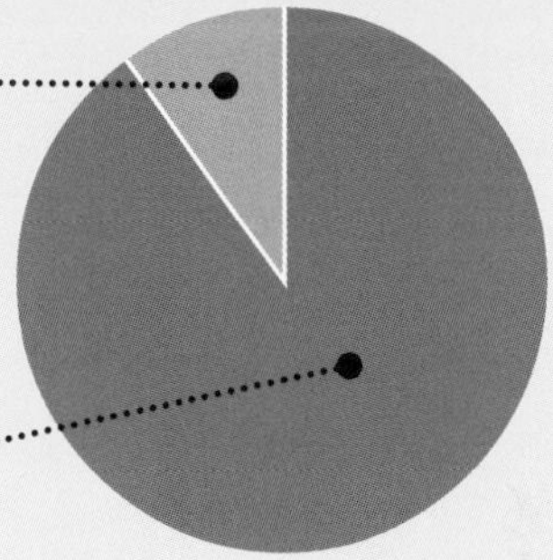

大家還是應以生活資金為優先！首先維持穩定的生活，然後長期投資，定期小額投入也可以。

步驟❶
先計算出自己的收入金額和生活費用
→ 掌握現狀

步驟❷
存下預備資金
→ 至少要先存下 3 個月的生活費

步驟❸
用閒置資金投資美股
→ 優先考慮生活後再投資

Point

為了區分預備生活資金，建議大家把帳戶分成主要帳戶、儲蓄用帳戶管理。

長期持續的關鍵是「均衡」

長期來看，美國股市是穩定成長的市場，只要持續投資，獲利的機會很高。

以長期投資為前提思考時，打破生活資金和閒置資金均衡的極端投資方式不可能持久，甚至可能被迫中途停止。所以一定要在可承受的範圍內，腳踏實地的投資。

要留現金以防萬一

另外，景氣趨勢一直在變，大家也應該準備一筆「生活預備資金」，以便萬一失業、出意外沒有收入時，能維持自己的生活一段期間；一般來說應有三個月生活資金的存款。先把這三個月的生活資金保留下來，然後再投資，這才是正確的順序。生活穩定永遠是最優先的考量！

11 除了美國，下一個投資大國在哪裡？

最後要談的是經濟成長驚人的中國和印度股市。先聲明，我本人並未直接投資這兩國的股票。

因為中國股市有和經濟成長不成正比的國家風險，印度股市則因為貨幣貶值嚴重，得不到預期的投資結果。

中國的經濟成長領先全球，但其實上海證券綜合指數（SHCOMP）在過去十年間只成長了一五％，經濟成長並未反映在股市。

而且中國與其他國家，特別是美國的對立一年比一年嚴重，國家風險也很高。

印度的股價指數 SENSEX 過去十年間成長了一二〇％，但印度貨幣盧比卻有經常貶值的問題。

過去十年間印度盧比持續貶值，盧比越來越便宜，考慮到貶值的因素，其實股價

成長中的中國股市、印度股市可以投資嗎？

中國上海證券綜合指數（SHCOMP）

- 經濟成長很難反映在股價上。
- 美中對立、2030 年以後人口減少、市場不透明等國家風險令人擔心。

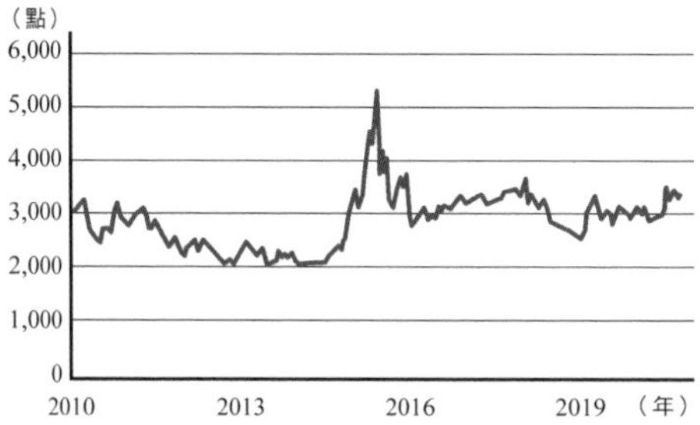
(點)
6,000
5,000
4,000
3,000
2,000
1,000
0
2010
2013
2016
2019
(年)

中國的政治環境、與他國對立的風險最令人擔憂。

印度 SENSEX 指數

- 股價持續大漲。
- 印度盧比經常貶值，會有匯兌損失吃掉獲利。

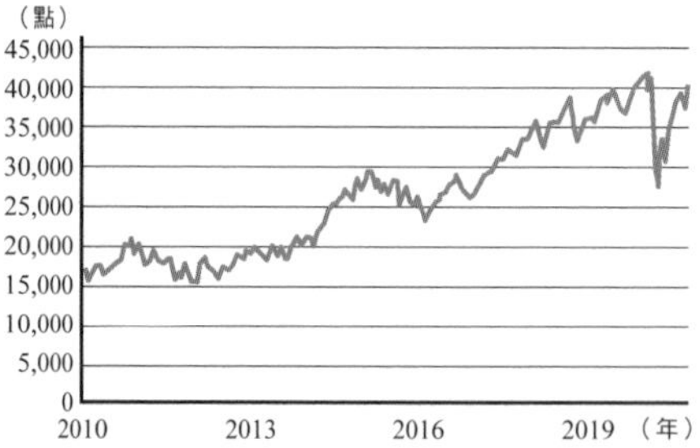
(點)
45,000
40,000
35,000
30,000
25,000
20,000
15,000
10,000
5,000
0
2010
2013
2016
2019
(年)

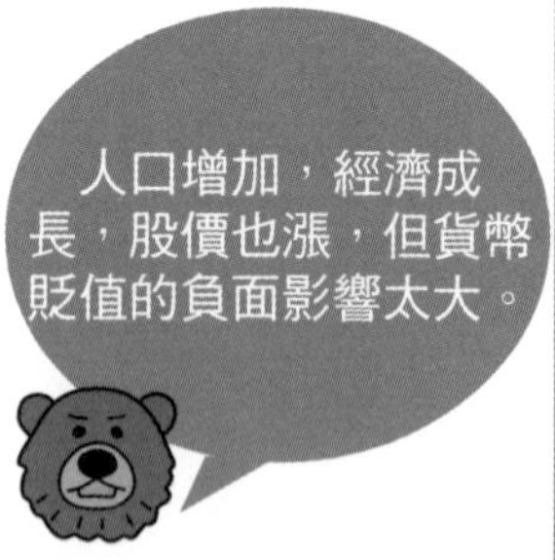
人口增加，經濟成長，股價也漲，但貨幣貶值的負面影響太大。

Point

經濟成長還是有可能反映在股價上，但現階段還是投資美股最有效率。

成長並不如想像中的多。因為這個國家很容易受到「匯率風險」的負面影響。

要買就買全球ETF

如果想透過股票參與全球經濟成長，不論從遊戲規則或匯率風險來看，投資美國的跨國企業是最有效率的做法。

話雖如此，基於無法預測未來的觀點，也可以考慮買進第四章第八節介紹的全球ETF，將中國和印度股票納入自己的投資組合中。

專欄

想分散美國股市的風險，黃金是好標的

美國經濟崩盤時的股價暴跌很恐怖，為了規避這種風險，還是分散投資到美股以外的市場吧！

我三不五時就會聽到這種言論，但這種想法其實只說對了一半。

這是因為萬一美國經濟真的崩盤了，其他國家的股市一樣會崩盤；就算只投資美股以外的已開發國家股市，也會被股價暴跌連累，因此投資其他市場並不能達到規避暴跌的風險。

真的要規避全球性的暴跌風險，不應該分散投資在其他股票市場，而應該分散投資、持有股票以外的資產。其中最佳選擇就是黃金。

黃金號稱是保值的實物資產，在漫長歷史中一直深受人類喜愛。至今黃金仍是珍貴的資源，用途廣泛，價格也持續上漲，現在還可以用ETF的形式輕鬆購買；但**持有黃金不會有配息的獲利，目的真的就是保值而已**。如果你的目的是增加資產，還是必須投資股市。

大家可以分析自己的投資階段，如果是「想增加資產的階段」，就積極投資股市；「守成階段」就提高黃金和現金等的比重……這是每個投資人自己必須做出的判斷。

結語

非常感謝大家耐心讀完本書！

二十多歲時為了要和全家人一起運用已過世父親的退休金，我開始學習投資，至今嘗試過無數的投資方法，如基金、外幣存款、日股或新興國家股票、虛擬貨幣，還有機器人理財等。我也看遍全球各國的股票市場、各式各樣的投資方法，最後發現美股「效率最好」、「重現性高」，所以專注於投資美股。

我想許多投資人都有和我一樣的結論。在投資的世界中，高重現性（不管誰做，只要照著原則執行，結果都一樣）是非常重要的因素。

投資結果會因為環境、財力、時間點而異的投資方法，重現性很低，不確定能否實現。從這一點來看，美股歷史悠久，而且**只要照著原則、紀律執行，有很高的機率可以獲得正面報酬**。

當然，沒有人能預測未來，但只要是投資都會面臨一樣的問題。今後想增加資產、想得到穩定收入……我非常希望本書能協助大家踏出第一步。

最後，我本人也在經營 YouTube 頻道（なまけものチャンネル／20代怠け者），分享投資資訊，也會定期在頻道上公開本書中未提及的資訊。如果大家希望進一步了解，歡迎訂閱並收看我的頻道！

（なまけものチャンネル／20代怠け者）

附錄 完整開戶流程圖解

在前面章節閱讀後，相信大家一定迫不及待的想趕快取得參與美股牛市的入場券了吧！所以本書將針對德美利證券（TD）開戶步驟一一操作全圖解，趕快打開電腦，開始囉！快點跟上吧！

步驟一 用 Google 搜尋「TD中文」的第一個結果就是TD官網，也可直接輸入 **https://ola.tdameritrade.com/global/index.html#!/** 後，跳到步驟五跟著操作。

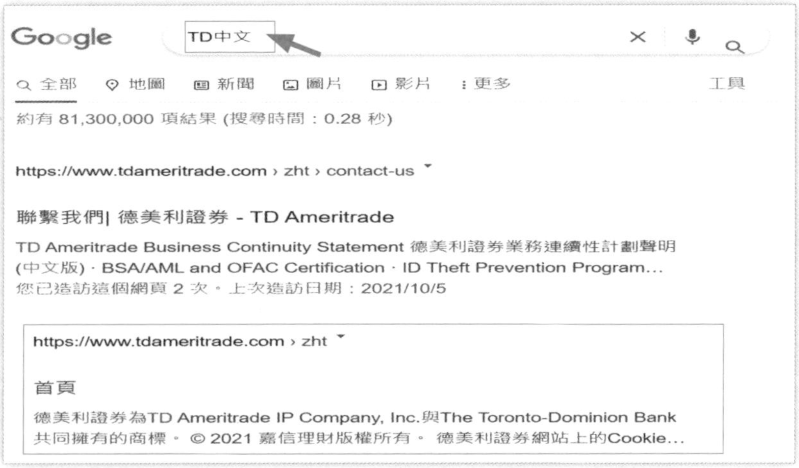
Google
TD中文
全部
地圖
新聞
圖片
影片
更多
工具
約有 81,300,000 項結果 (搜尋時間：0.28 秒)
https://www.tdameritrade.com › zht › contact-us
聯繫我們| 德美利證券 - TD Ameritrade
TD Ameritrade Business Continuity Statement 德美利證券業務連續性計劃聲明
(中文版) · BSA/AML and OFAC Certification · ID Theft Prevention Program...
您已造訪這個網頁 2 次。上次造訪日期：2021/10/5
https://www.tdameritrade.com › zht
首頁
德美利證券為TD Ameritrade IP Company, Inc.與The Toronto-Dominion Bank
共同擁有的商標。 © 2021 嘉信理財版權所有。 德美利證券網站上的Cookie...

步驟二 在官網右上及左下角皆有「開設新賬戶」連結，請以滑鼠擇一點擊。

步驟三 這時候你可能會發現，咦？怎麼又跳回英文介面？別擔心！請直接點擊「**Chinese**」（參見左頁上圖）。是的，系統就是要再次確認是否使用中文介面，請點擊「**Yes, I want to apply in Chinese**」選項就可以囉！

步驟四 接下來進入的畫面開始有網路安全性監控，請放心填寫！請點選「台灣」（參見左頁下圖），並在跳出的視窗中點擊「繼續」。

定價
賬戶類型
注資及轉移
開設新賬戶
Ameritrade
德美利 證券
關鍵字或股票
用戶名
密碼
登入
需要登入幫助?
為何選擇德美利證券?
工具及平台
投資產品
投資指導
退休規劃
教育
研究
就在這裡幫您
成為更加明智
的投資人
我們知識豐富的專業人員和業內領先的工具相結合，
以幫助您成為更明智且更有信心的投資人。
開設新賬戶
了解更多

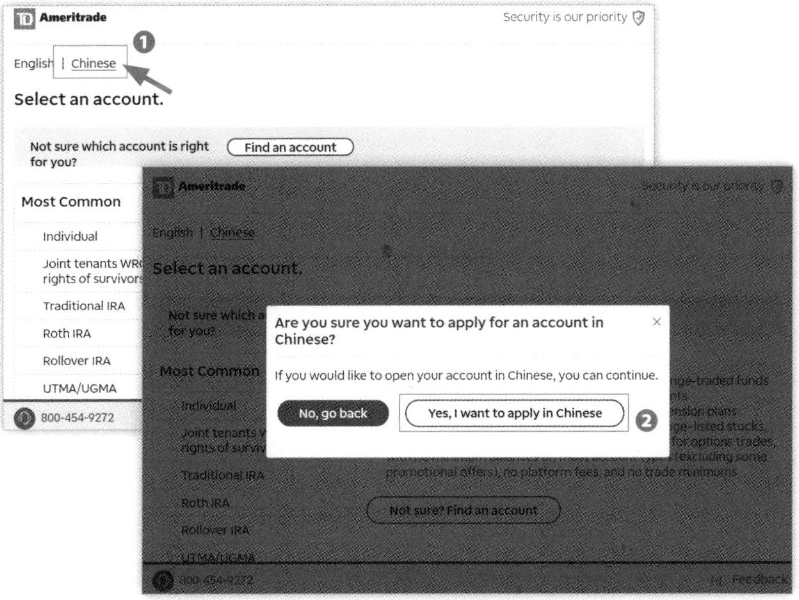
Ameritrade
Security is our priority
English | Chinese
Select an account.
Not sure which account is right for you?
Find an account
Most Common
Individual
Traditional IRA
Roth IRA
Rollover IRA
UTMA/UGMA
800-454-9272
Are you sure you want to apply for an account in Chinese?
If you would like to open your account in Chinese, you can continue.
No, go back
Yes, I want to apply in Chinese
Not sure? Find an account
Feedback

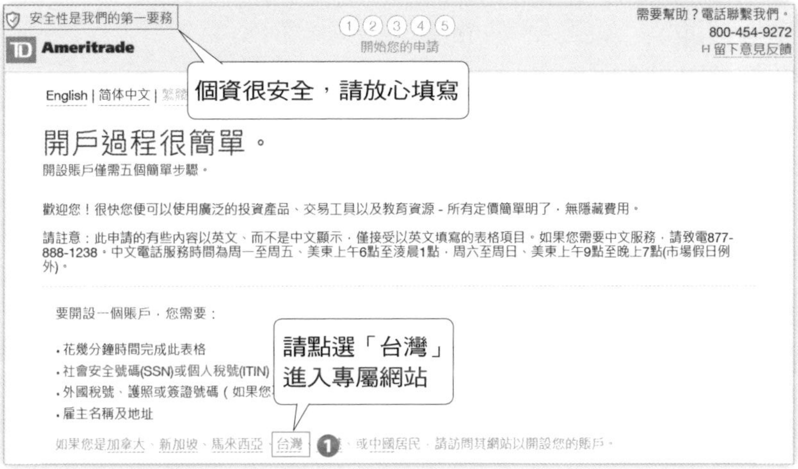
安全性是我們的第一要務
Ameritrade
開始您的申請
需要幫助？電話聯繫我們。
800-454-9272
留下意見反饋
English | 简体中文
個資很安全，請放心填寫
開戶過程很簡單。
開設賬戶僅需五個簡單步驟。
歡迎您！很快您便可以使用廣泛的投資產品、交易工具以及教育資源 - 所有定價簡單明了，無隱藏費用。
請註意：此申請的有些內容以英文、而不是中文顯示，僅接受以英文填寫的表格項目。如果您需要中文服務，請致電877-888-1238。中文電話服務時間為周一至周五、美東上午6點至淩晨1點，周六至周日、美東上午9點至晚上7點(市場假日例外)。
要開設一個賬戶，您需要：
• 花幾分鐘時間完成此表格
• 社會安全號碼(SSN)或個人稅號(ITIN)
• 外國稅號、護照或簽證號碼（如果您
• 雇主名稱及地址
請點選「台灣」進入專屬網站
如果您是加拿大、新加坡、馬來西亞、台灣、或中國居民，請訪問其網站以開設您的賬戶。

再次看到簡體字頁面，這時候若須轉換繁體，請點選右上角的「簡體」（參見左頁上圖），會出現三種語言選項，點選「繁體」即可。接下來請點選「開設賬戶」。

步驟五 真的要開始進入填寫資料的程序啦！一般都是個人申請，所以請直接點選「個人賬戶」。

點選後會出現三個選項。「現金賬戶」就是單純買進股票，無法進行放空，但因為美股多空皆可交易，若要放空（編按：先賣後買的交易方式，可以先賣在高點，未來下跌後再從低價買回，賺到中間價差），則需有「融資」功能，且若日後想操作選擇權

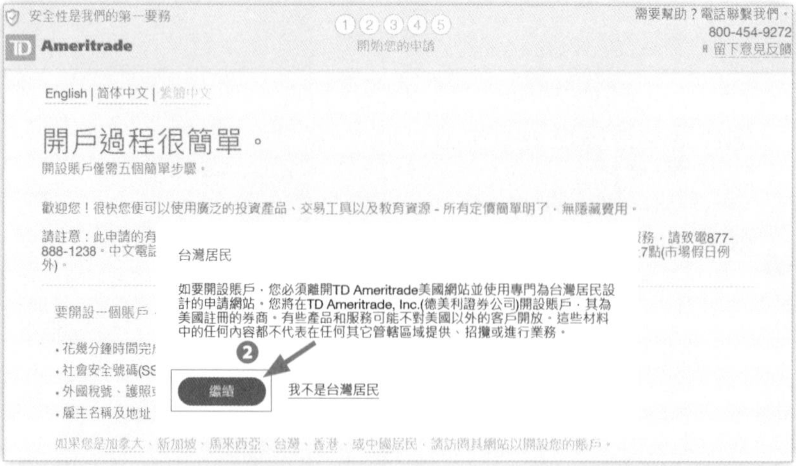

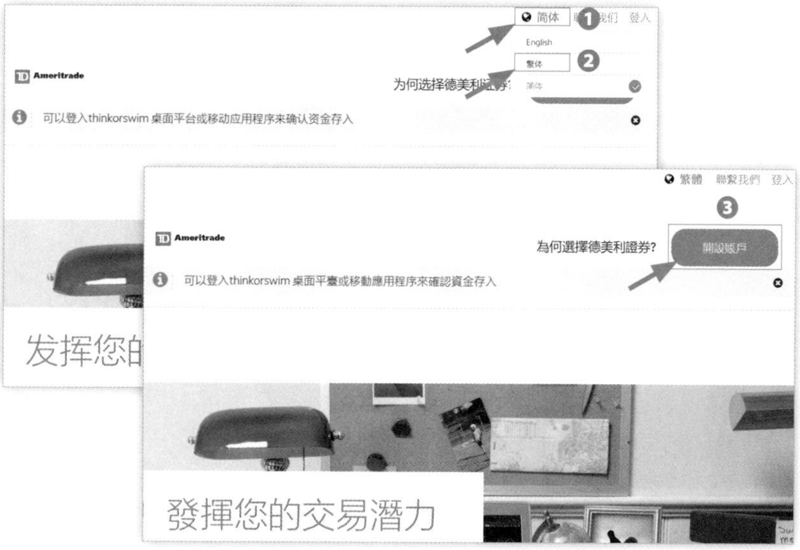
簡体
English
繁体
简体
Ameritrade
可以登入thinkorswim 桌面平台或移动应用程序来确认资金存入
繁體 聯繫我們 登入
為何選擇德美利證券?
開設賬戶
可以登入thinkorswim 桌面平臺或移動應用程序來確認資金存入
發揮您的交易潛力

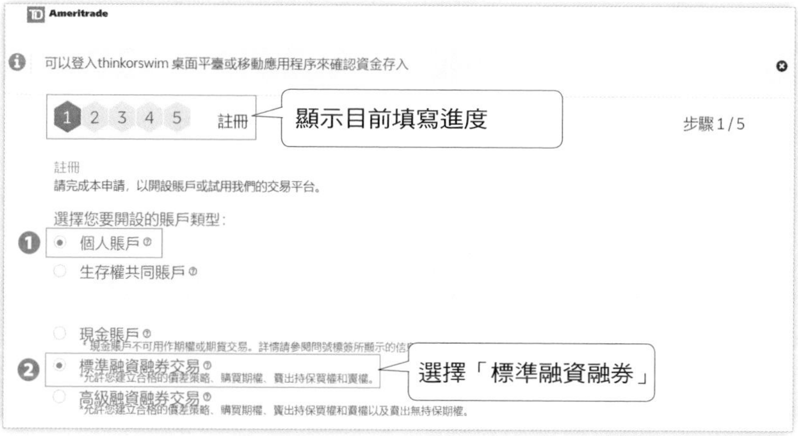
Ameritrade
可以登入thinkorswim 桌面平臺或移動應用程序來確認資金存入
1 2 3 4 5 註冊
顯示目前填寫進度
步驟 1/5
註冊
請完成本申請，以開設賬戶或試用我們的交易平台。
選擇您要開設的賬戶類型：
個人賬戶
生存權共同賬戶
現金賬戶
標準融資融券交易
允許您建立合格的價差策略、購買期權、賣出持保賣權和賣權。
選擇「標準融資融券」
高級融資融券交易
允許您建立合格的價差策略、購買期權、賣出持保賣權和賣權以及賣出無持保期權。

（編按：又稱為期權，是一種「未來可以用特定價格買賣商品的憑證」，選擇權買賣雙方會敲定契約、標的、履約價及買賣數量），也會需要融資帳戶，建議大家可以選用「標準融資融券交易」。

而最後的「高級融資融券交易」則屬於期貨操作選項，後續若有需求，都可以在官網上申請變更。

請先將圖片上文字填入。接下來的用戶名稱與密碼將是日後進入官網及操作平臺的帳號密碼，建議將之確實記在記事本或是手機中，真的不要太相信記憶力，還是乖乖以紙筆記下，或記錄於手機中吧。

接著在左頁上圖畫面中填寫個人資

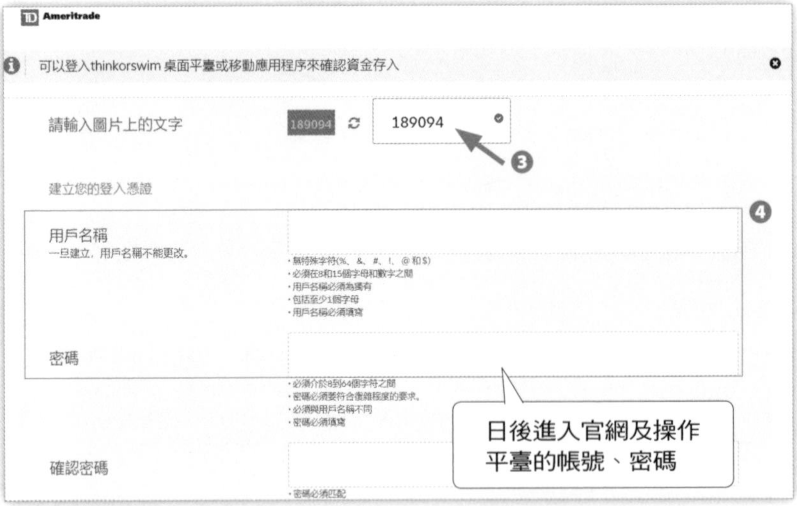

TD Ameritrade
可以登入thinkorswim 桌面平臺或移動應用程序來確認資金存入
聯絡資料
名字
姓氏
請依照護照上的資料輸入英文姓名
5
電子郵件地址
這必須是一個有效的電郵地址。
確認電子郵件地址
常用的 E-mail，收發重要訊息用
6
您的首選通信語言是什麼?
繁體

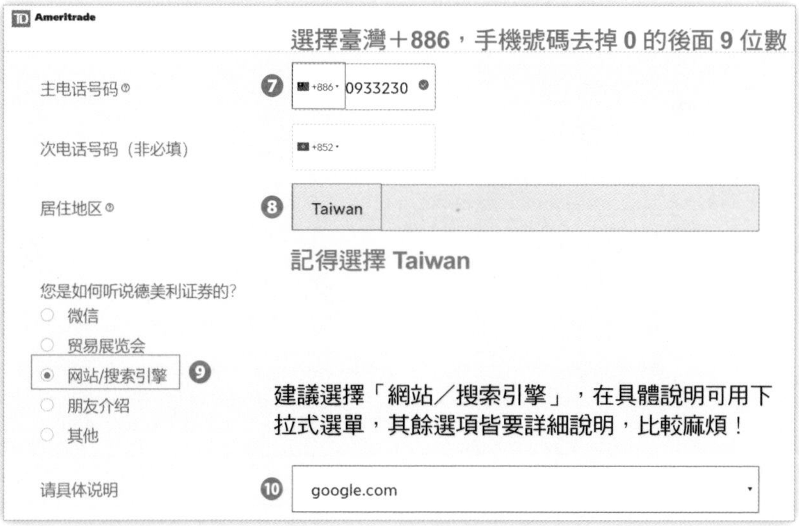
TD Ameritrade
選擇臺灣+886，手機號碼去掉 0 的後面 9 位數
主电话号码
7
+886
0933230
次电话号码（非必填）
+852
居住地区
8
Taiwan
記得選擇 Taiwan
您是如何听说德美利证券的?
微信
贸易展览会
网站/搜索引擎
9
朋友介绍
其他
建議選擇「網站／搜索引擎」，在具體說明可用下拉式選單，其餘選項皆要詳細說明，比較麻煩！
请具体说明
10
google.com

料，姓名請依護照資料填寫。

「您是如何聽說德美利證券？」這項只是為了收集TD的大數據，選填何者不會對帳戶有影響；選擇「朋友介紹」或「其他」都需以英文詳細說明，故建議直接點選「網站／搜索引擎」。

步驟六 恭喜你！進入第二階段囉！到

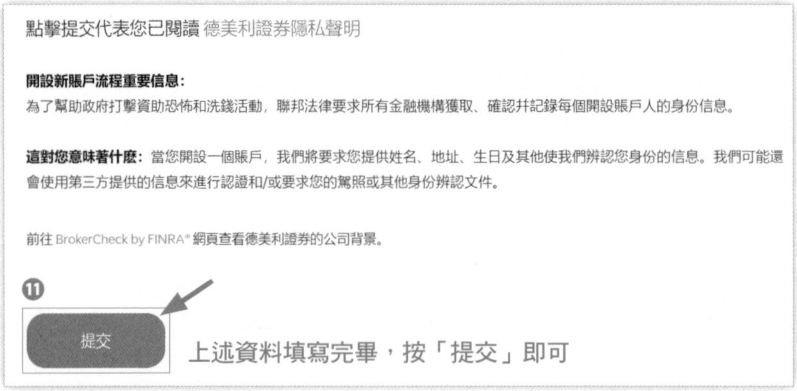
點擊提交代表您已閱讀 德美利證券隱私聲明
開設新賬戶流程重要信息:
為了幫助政府打擊資助恐怖和洗錢活動，聯邦法律要求所有金融機構獲取、確認并記錄每個開設賬戶人的身份信息。
這對您意味著什麼: 當您開設一個賬戶，我們將要求您提供姓名、地址、生日及其他使我們辨認您身份的信息。我們可能還會使用第三方提供的信息來進行認證和/或要求您的駕照或其他身份辨認文件。
前往 BrokerCheck by FINRA® 網頁查看德美利證券的公司背景。
11
提交
上述資料填寫完畢，按「提交」即可

TD Ameritrade
1 2 3 4 5
用戶資料
步驟2/5
註冊
個人信息
謝謝您在德美利證券註冊開戶！請在下方繼續申請程序。如果您現在想要嘗試paperMoney虛擬交易，您可以下載我們的 thinkorswim 平台 然後用您的用戶名和密碼登錄。
的地址
居住地址
不含縣市的英文地址

這，已經可以下載TD操作平臺，以剛才的帳號、密碼登入倉使用。

接下來請先到中華郵政全球資訊網（https://www.post.gov.tw/post/internet/index.jsp）做地址翻譯。

將翻譯後的地址依照所需欄位填入即可。若通訊地址不同，記得也要填寫，日後會有相關帳戶資料或是股東會、稅務資料要寄送紙

本時，有通訊地址才方便收信喔！

若有雙重國籍，請照實填寫即可。

接著依有無護照的填寫方式提供範例。首先左頁圖為有護照的填寫方式；沒有護照的填寫方式如第兩百一十八頁圖。

接著網頁下滑繼續填寫額外信息。安全提示問題與答案都只能填寫英文，所以務必記得填寫好後將問題與答案，連同帳號、密碼記錄在一起才不會忘記喔！填寫好就可以按「**提交**」送出了！

步驟七 關於信任聯絡人資料（見第兩百一十九頁圖），主要是在未來有緊急狀況時TD可聯繫到代理人進行處理，可選擇先

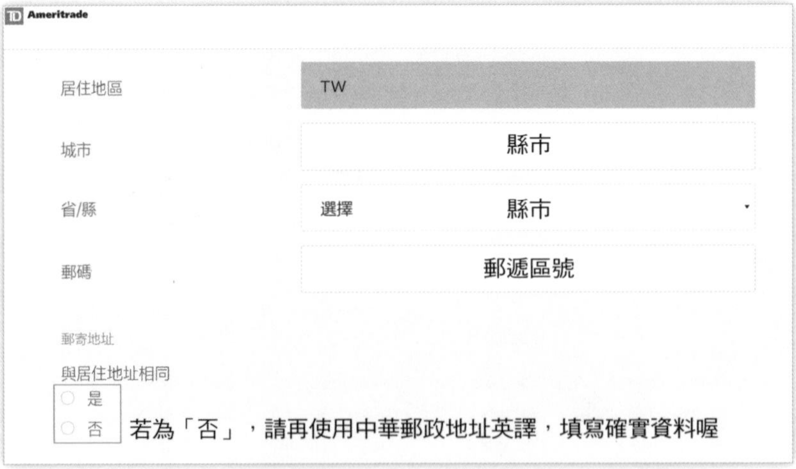
TD Ameritrade
居住地區
TW
城市
縣市
省/縣
選擇
縣市
郵碼
郵遞區號
郵寄地址
與居住地址相同
是
否
若為「否」，請再使用中華郵政地址英譯，填寫確實資料喔

的國籍：

☐ 如果您有雙重國籍，請點擊此處

❶ 公民身份所在地區：Taiwan

的身份證明信息：

德美利證券需要收集這個資料來遵循由經濟合作和發展組織(OECD)(2014)、就自動交換金融賬戶稅務信息(又成為普通申報標準或CRS）而規定的標準。如果您就您的稅務居住地或可接受的稅務辨認號碼(TIN)有任何問題，請在下列網站參閱每個稅務機關發表的規則：

稅務居住規則: http://www.oecd.org/tax/automatic-exchange/crs-implementation-and-assistance/tax-residency/

稅務識別號碼: http://www.oecd.org/tax/automatic-exchange/crs-implementation-and-assistance/tax-identification-numbers/

您有護照嗎？

❷ ◉ 是 ○ 否 若為「是」，後續第二文件—地址證明便可使用身分證

❸ 護照號碼：將護照上的資料對應填上來即可

❹ 護照到期日：Month Date Year 注意是否過期

輸入您的護照所示的姓名

❺ 名字／姓氏：將護照上的資料對應填上來即可

您是否有美國社會安全號碼？

❻ ○ 是 ◉ 否

您是否有美國簽證？

❼ ○ 是 ◉ 否

請選擇您的稅務居住地區：Taiwan

請輸入您在該地區的稅務身份號碼 ❽ 請填寫身分證號

您有護照嗎?
是
❶ 否
輸入您的居民身份證號碼?
❷ 填寫身分證號碼
輸入您的居民身份證所示的姓名
名字
也是要填寫英文姓名喔！
姓氏
您是否有居民身份證到期日?
是
❸ 否
您是否有美國社會安全號碼?
是
❹ 否
您是否有美國簽證?
是
❺ 否
您的居民身份證號是不是您的稅務ID號 (TIN)?
❻ 是
是否用這身分證號繳稅
否

額外信息:
照實填寫即可
出生地區
選擇
出生日期
婚姻狀態
選擇
撫養人數
選擇
安全提示問題
只能填英文喔！
安全提示答案
提交

略過或一併填妥。在此先略過。

步驟八 受僱信息主要是為了解資金來源，有家管、退休、學生及失業等四項（見下頁圖），財富來源欄位同樣也是要寫英文喔！可直接填寫「Investment（投資）」。

若為「就業」，則需填寫公司資料，一般可上公司網站擷取相關資料填入。如選擇「自雇」，也請準備好公司資料進行填寫。若公司網站無英文版，同樣可到中華郵政英譯地址。因就業與自雇的填寫項目雷同，在這以「就業」為範例說明。

職業與行業都可直接透過下拉式選單選取，找一個最適合你職業與行業的就行。職銜

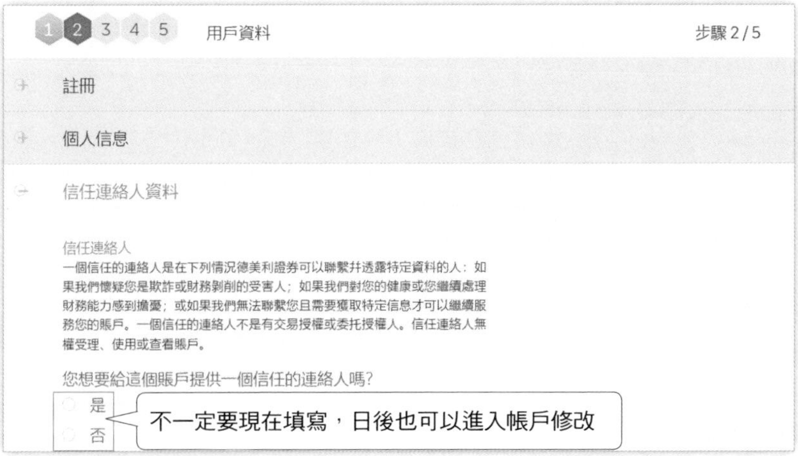
1 2 3 4 5
用戶資料
步驟 2/5
註冊
個人信息
信任連絡人資料
信任連絡人
一個信任的連絡人是在下列情況德美利證券可以聯繫幷透露特定資料的人：如果我們懷疑您是欺詐或財務剝削的受害人；如果我們對您的健康或您繼續處理財務能力感到擔憂；或如果我們無法聯繫您且需要獲取特定信息才可以繼續服務您的賬戶。一個信任的連絡人不是有交易授權或委托授權人。信任連絡人無權受理、使用或查看賬戶。
您想要給這個賬戶提供一個信任的連絡人嗎?
是
否
不一定要現在填寫，日後也可以進入帳戶修改

與職務列表可使用 Google 翻譯協助進行；也可至104人力銀行（https://104.com.tw/jobs/main/）尋找相關職務後，轉換成英文網頁拷貝資料。

當然公司名稱及地址若無公司英文網頁，也同樣可於104人力銀行求職網複製（見第兩百二十二頁）。

步驟九 財務狀況填寫攸關後續帳戶申請，在銀行信息部分，點選任一個都可以，後續匯款可使用其他銀行；投資目標建議選擇「適中增長型」以上，避免後續操作標的受限，在此以「**增長型**」為例（見第兩百二十三頁）。

關於收入及資產淨值這部分，金融機構普遍都比較喜歡持續有儲蓄的投資人，且通常持續儲蓄者的**總資產大於流動資產大於年收入**，所以可以參考填寫。

受僱信息

的職業：

選擇您的受僱狀態

就業 家管 退休 自雇 學生 失業

職業 選擇

行業 選擇

職銜 可使用 Google 翻譯查詢英文寫法

職務列表

僱主名稱 公司英文名稱

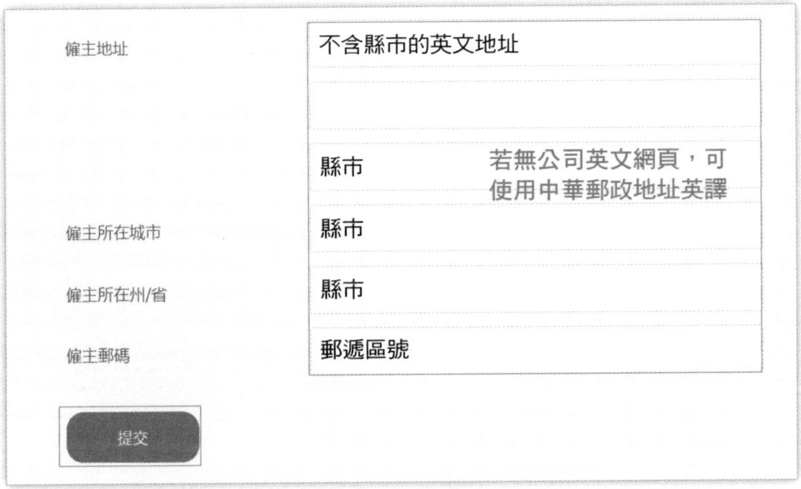

僱主地址 不含縣市的英文地址

縣市 若無公司英文網頁，可使用中華郵政地址英譯

僱主所在城市 縣市

僱主所在州/省 縣市

僱主郵碼 郵遞區號

提交

104人力銀行 My104 履歷診療室 求職精靈 職場力 掌聲 更多 帳號 註冊 登入
104人力銀行 / 台達電子工業股份有... / 軟體資深工程師_5G(...
請選取語言
請選取語言
日文
英文
越南文
Keep Exploring
在台達 永續發展你的未來
可切換為英文
軟體資深工程師_5G(台北) 11/04更新
儲存
台達電子工業股份有限公司 DELTA ELECTRONICS INC. 本公司其他工作
公司英文名稱
工作內容
我適合這份工作嗎
分析工作適合度須先登入
• 5G基地台通訊協定軟體發開、測試與除錯

104 Manpower Bank / DELTA ELECTRONI... / Senior Software Engi...
英文
由「Google 翻譯」技術提供
Keep Exploring
在台達 永續發展你的未來
職銜
Senior Software Engineer_5G (Taipei) 11/04 update
store
Apply
DELTA ELECTRONICS INC. Other work of our company
0~5 people a
Work content 職務列表
Am i suitable for this j
• Development, testing and debugging of 5G base station communication protocol software •
To analyze the suitability of the job, you must log in first

其餘就按照真實情況填寫即可（參見下頁上圖）。完成後點選**提交**送出，前往下一部分。

步驟十 出現如下頁下圖畫面，主要是為了要避免內線交易，所以在這部分都選擇「否」，按**提交**送出。

步驟十一 投資經驗填寫部分，希望正在看這本書的你，不論接觸股市多久，都建議在投資經驗上選擇「**3－5**」年，對於後續申請其他服務，如選擇權權限等，較容易審核通過。而投資知識的選項，也建議選擇「良好」或「**豐富**」（設定頁面

財務信息
銀行信息
用於德美利賬戶存款和提款的主要銀行
CTBC Bank
1
Bank of Taiwan
CTBC Bank
Deutsche Bank
Hua Nan Com Bank
Shanghai Commercial and Savings Bank
Other
投資目標
請選擇您對這個賬戶的首要投資目標
2
保守型 適中型 適中增長型 增長型 激進增長型
請選擇您對這個賬戶的次要投資目標
3
保守型 適中型 適中增長型 增長型 激進增長型

收入及資產淨值
大約年度收入
USD$25,000 - USD$49,999
大約流動資產淨值
USD$50,000 - USD$99,999
大約總資產淨值
USD$100,000 - USD$249,999
這個賬戶的首筆資金來源是?
儲蓄
這個賬戶的持續資金來源是?
就業工資
提交

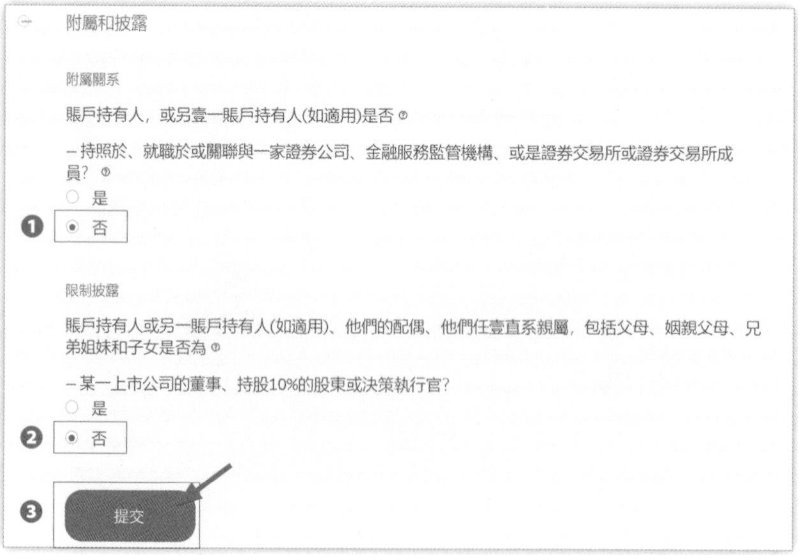
附屬和披露
附屬關系
賬戶持有人，或另壹一賬戶持有人(如適用)是否
– 持照於、就職於或關聯與一家證券公司、金融服務監管機構、或是證券交易所或證券交易所成員?
是
否
限制披露
賬戶持有人或另一賬戶持有人(如適用)、他們的配偶、他們任壹直系親屬，包括父母、姻親父母、兄弟姐妹和子女是否為
– 某一上市公司的董事、持股10%的股東或決策執行官?
是
否
提交

見下圖至第兩百二十七頁）。

確認剛才填入的各項信息後，勾選「我同意」再按「提交」送出。

在第兩百二十七頁下圖的「德美利證券交易披露」部分，主要是一些聲明文件，有興趣可以花點時間點開來看。請勾選「我同意」後按「提交」，進入下一部分。

步驟十二 交易所協議的部份有點長，只要記得將第一個「你是否僅將數據用於個人，非商業用途？」選「是」，其他填「否」。

網頁一直往下滑，有一個 OPRA

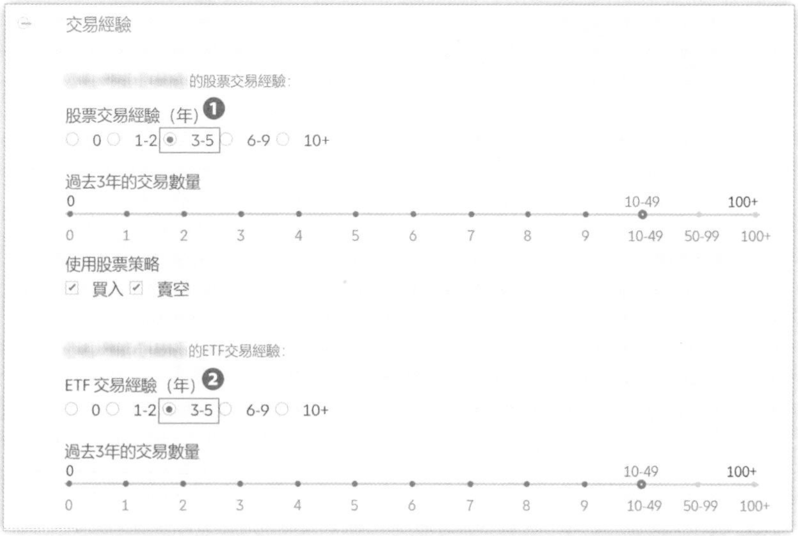

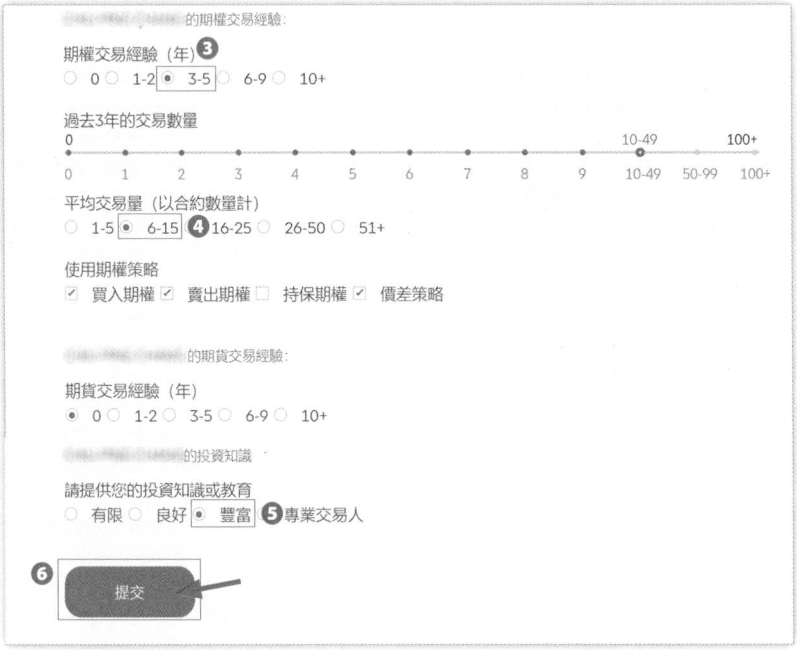
的期權交易經驗:
期權交易經驗（年）❸
0 1-2 3-5 6-9 10+
過去3年的交易數量
0 10-49 100+
0 1 2 3 4 5 6 7 8 9 10-49 50-99 100+
平均交易量（以合約數量計）
1-5 6-15 ❹ 16-25 26-50 51+
使用期權策略
買入期權 賣出期權 持保期權 價差策略
的期貨交易經驗:
期貨交易經驗（年）
0 1-2 3-5 6-9 10+
的投資知識
請提供您的投資知識或教育
有限 良好 豐富 ❺專業交易人
❻
提交

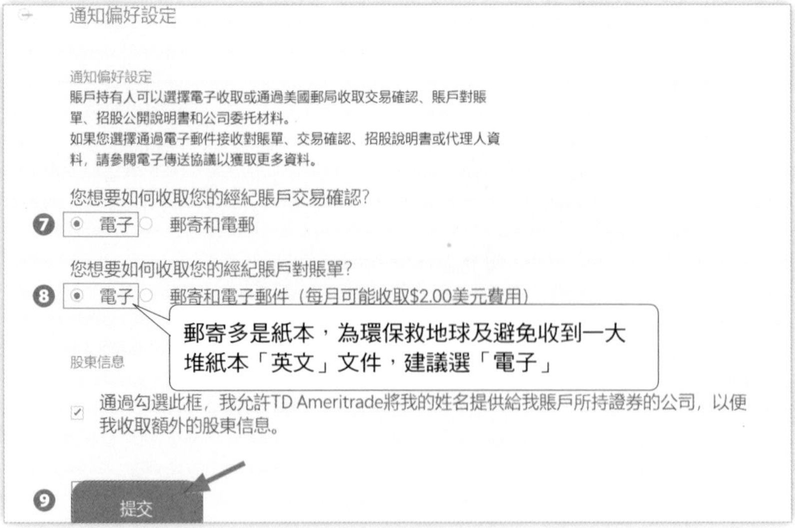
通知偏好設定
通知偏好設定
賬戶持有人可以選擇電子收取或通過美國郵局收取交易確認、賬戶對賬
單、招股公開說明書和公司委托材料。
如果您選擇通過電子郵件接收對賬單、交易確認、招股說明書或代理人資
料，請參閱電子傳送協議以獲取更多資料。
您想要如何收取您的經紀賬戶交易確認?
❼ 電子 郵寄和電郵
您想要如何收取您的經紀賬戶對賬單?
❽ 電子 郵寄和電子郵件（每月可能收取$2.00美元費用）
郵寄多是紙本，為環保救地球及避免收到一大
堆紙本「英文」文件，建議選「電子」
股東信息
通過勾選此框，我允許TD Ameritrade將我的姓名提供給我賬戶所持證券的公司，以便
我收取額外的股東信息。
❾
提交

客戶表格/披露
提交用戶資料
個人信息
股東信息
通過勾選此框，我允許TD Ameritrade將我的姓名提供給我賬戶所持證券的公司，以便我收取額外的股東信息。
請在下方勾選"我同意"。通過點擊"提交"，您確認所有輸入信息都準確，並且您已經閱讀、理解並同意上述所有材料。
10
我同意
記得勾選
11
提交

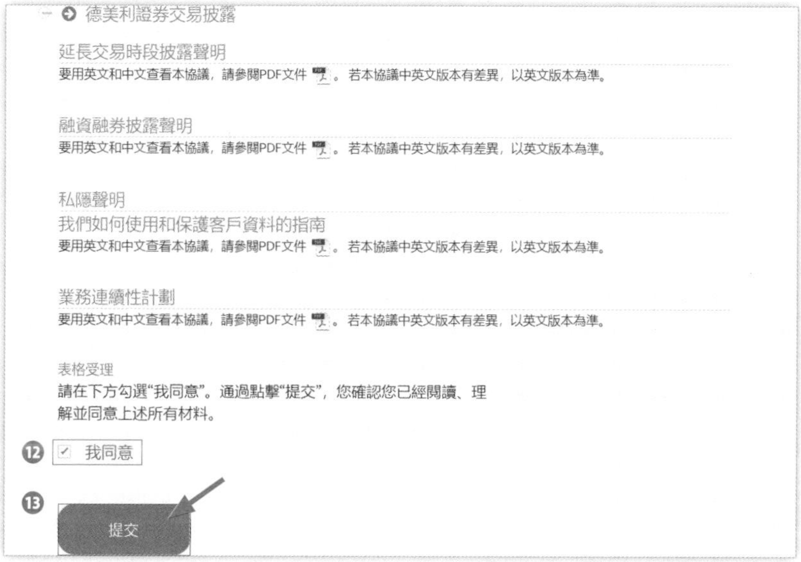
德美利證券交易披露
延長交易時段披露聲明
要用英文和中文查看本協議，請參閱PDF文件 。若本協議中英文版本有差異，以英文版本為準。
融資融券披露聲明
要用英文和中文查看本協議，請參閱PDF文件 。若本協議中英文版本有差異，以英文版本為準。
私隱聲明
我們如何使用和保護客戶資料的指南
要用英文和中文查看本協議，請參閱PDF文件 。若本協議中英文版本有差異，以英文版本為準。
業務連續性計劃
要用英文和中文查看本協議，請參閱PDF文件 。若本協議中英文版本有差異，以英文版本為準。
表格受理
請在下方勾選"我同意"。通過點擊"提交"，您確認您已經閱讀、理解並同意上述所有材料。
12
我同意
13
提交

用戶協議（見第兩百三十頁上圖），請勾選「我是一個非專業人士」，這兩項都是為了說明自己非專業操盤手或專業經理人，若為專業人士，則即時報價是訂閱收費制。如不慎填錯，記得聯繫客服人員進行修改。

至於後續三項用戶協議，請直接勾選「我同意」，並按「提交」即可。

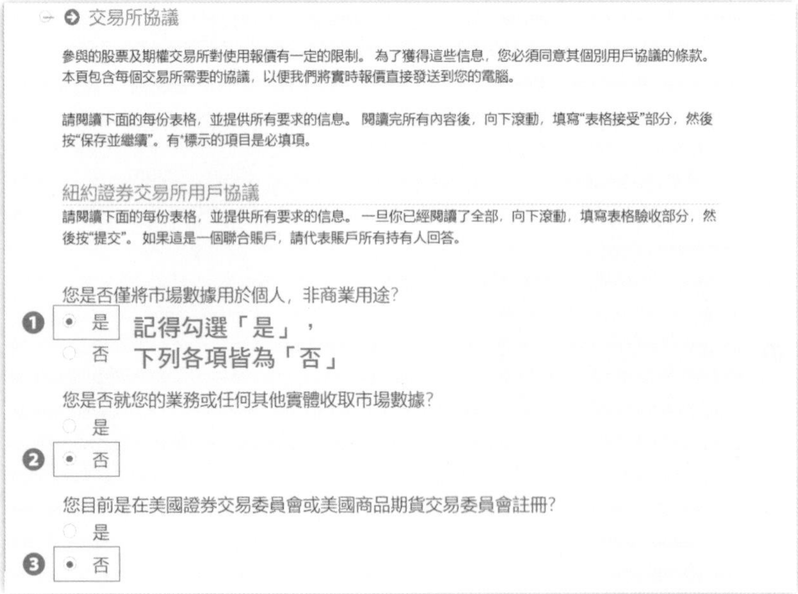
交易所協議
參與的股票及期權交易所對使用報價有一定的限制。為了獲得這些信息，您必須同意其個別用戶協議的條款。本頁包含每個交易所需要的協議，以便我們將實時報價直接發送到您的電腦。
請閱讀下面的每份表格，並提供所有要求的信息。閱讀完所有內容後，向下滾動，填寫“表格接受”部分，然後按“保存並繼續”。有*標示的項目是必填項。
紐約證券交易所用戶協議
請閱讀下面的每份表格，並提供所有要求的信息。一旦你已經閱讀了全部，向下滾動，填寫表格驗收部分，然後按“提交”。如果這是一個聯合賬戶，請代表賬戶所有持有人回答。
您是否僅將市場數據用於個人，非商業用途？
❶ 是
否
記得勾選「是」，
下列各項皆為「否」
您是否就您的業務或任何其他實體收取市場數據？
是
❷ 否
您目前是在美國證券交易委員會或美國商品期貨交易委員會註冊？
是
❸ 否

您目前是否在美國或其他地方註冊或獲得任何證券機構，證券交易所，協會或監管機構，或任何商品或期貨合約市場，協會或監管機構的資格？

○ 是

❹ ● 否

無論您身處美國境內或境外，您是否執行類似要求個人註冊或符合證券交易委員會，商品期貨交易委員會，任何其他證券代理機構或監管機構資格的職能，任何證券交易所或協會，或任何商品或期貨合約市場，協會或監管機構的職能？

○ 是

❺ ● 否

您是否為任何個人或實體提供投資建議？

○ 是

❻ ● 否

妳是否從事資產管理工作？

○ 是

❼ ● 否

您是否在交易中使用任何其他個人或實體的資本？

○ 是

❽ ● 否

妳是否為了公司，合夥或其他實體的利益進行交易？

○ 是

❾ ● 否

妳有沒有達成任何協議來享有妳的交易活動的利潤，或為妳的交易活動獲得報酬？

○ 是

❿ ● 否

您有否獲得辦公場所，設備或其他福利以換取您的交易或擔任任何人，公司或商業實體的財務顧問？

○ 是

⓫ ● 否

OPRA 協議

何謂證券專業人士?

如果您符合以下任何一項標準，您將被視為證券專業人士：

- 您已在美國證券交易委員會，金融業監管機構，商品期貨交易委員會，全國期貨協會，任何國家證券機構，任何證券交易所/協會或任何商品或期貨合約市場或協會註冊或取得資格。
- 根據1940年投資顧問法案第201（11）條的規定，您被聘為"投資顧問"，無論您是根據該法案註冊還是具有合格資質。
- 您受僱於銀行，保險公司或其附屬機構，從事與證券或商品期貨投資或交易活動有關的職能。
- 您代表公司，合夥人，信託公司或協會獲取實時報價。
- 您使用與任何交易或業務活動有關的報價信息，而非私人投資用途。

如果您不符合上述任何一項條件，*並且*使用實時報價/市場數據進行個人非商業投資，您就不是證券專業人士。

根據以上所提供的信息，您被認為是一名（證券專業人士或證券非專業人士）

○ 我是一名證券專業人士

⓬ ● 我是一個非專業人士　務必記得選「我是一個非專業人士」

非專業用戶協議

要用英文和中文查看本協議，請參閱PDF文件。若本協議中英文版本有差異，以英文版本為準。

通過在下方點擊"我同意"，您同意下列內容是正確的

1. 您聲明有實際權限代表用戶簽訂本協議；
2. 您已閱讀上述條款；
3. 您理解上述條款；
4. 上述條款印刷本將構成任何適用法律例或法規所定之「書面」；及
5. 您同意遵守本協議上述所有條款。

姓名：[redacted]

日期：10/13/2021

表格受理

通過在下方點擊"我同意"和"提交"，您確認您已經收到並理解下列上述協議：

NYSE用戶協議

OPRA用戶協議

期貨市場數據協議

⓭ ☑ 我同意

提交

提交後便可擁有自己的帳戶、號碼囉！所以接下來的OCC風險批露也請勾選「我同意」再按「提交」（見下圖）。

步驟十三 終於看到第四階段亮起！接下來就是一連串的文件遞交。首先是W8表單（W-8BEN稅表），這是一份稅務證明，屬境外人士需填寫的必要表單。

點選「**點擊這裏提交電子版 W8 表格**」進入（見下頁上圖），接著在左上角選擇語言為「**中文**」，美國公民或居民選項選「否」，再接著按「繼續」。

賬戶表格
賬戶: Standard Margin -
恭喜擁有自己的帳戶號碼啦！
OCC 風險披露
期權結算公司披露聲明和帳戶確認
閱讀更多
表格受理
請在下方勾選"我同意"。通過點擊"提交"，您確認您已經閱讀、理解並同意上述所有材料。
⑮ 我同意
⑯ 提交

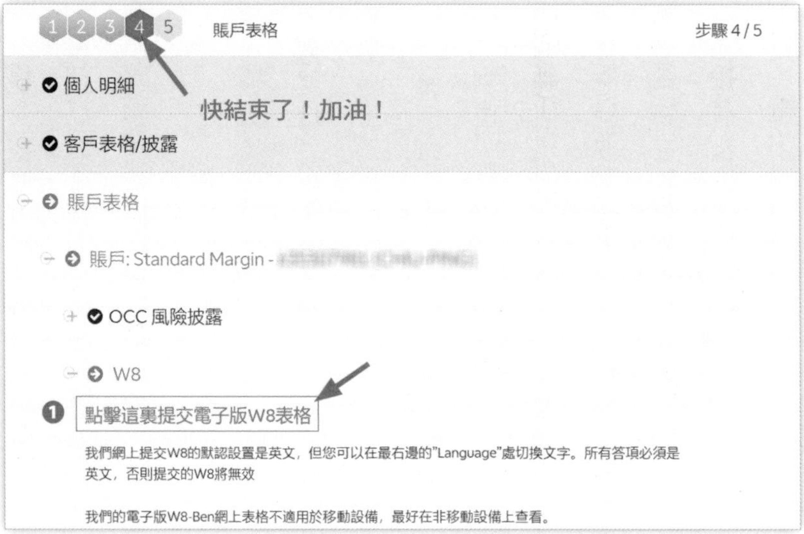

1 2 3 4 5
賬戶表格
步驟 4 / 5
個人明細
快結束了！加油！
客戶表格/披露
賬戶表格
賬戶: Standard Margin -
OCC 風險披露
W8
❶ 點擊這裏提交電子版W8表格
我們網上提交W8的默認設置是英文，但您可以在最右邊的"Language"處切換文字。所有答項必須是英文，否則提交的W8將無效
我們的電子版W8-Ben網上表格不適用於移動設備，最好在非移動設備上查看。

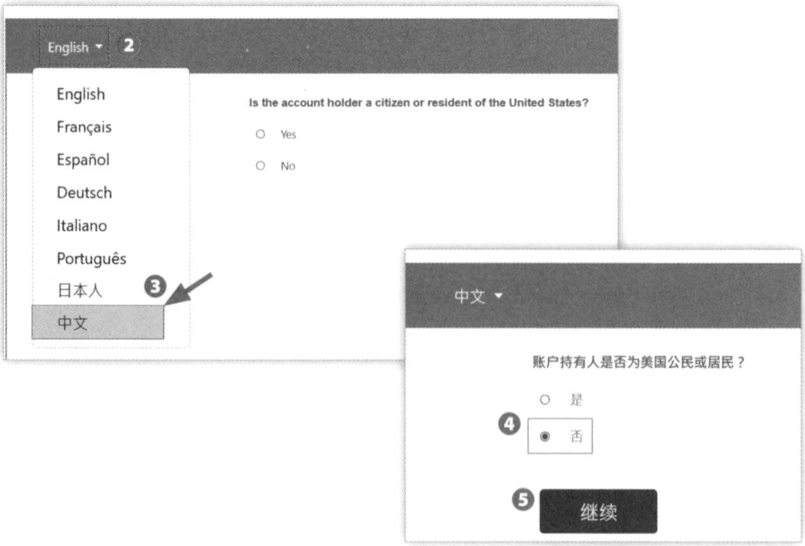

English ❷
English
Français
Español
Deutsch
Italiano
Português
日本人 ❸
中文
Is the account holder a citizen or resident of the United States?
Yes
No
中文
账户持有人是否为美国公民或居民？
是
❹ 否
❺ 继续

基本上各項個人資料皆由系統帶入，僅需確認各項資料正確與否。

請記得勾選「賬戶持有人無美國納稅人識別號（TIN，見下頁圖）」。因臺灣與美國無任何稅收協定，所以最後一項填「否」。

接著勾選所有項目。電子簽署也

说明
您需要提供 W-8BEN 表来证明您的纳税人身份以用于美国纳税目的。关于 W-8BEN 表的说明可在此处下载。如果您认为此纳税申报表不正确，请点击"返回"以选择其他纳税申报表。
请提供下列所需资料，以便提交纳税申报表的电子版本。如果对电子表格提交过程有任何疑问，请联系此表格的请求人。如果对如何回答以下问题有任何疑问，请咨询您的税务顾问。
个人法定名称
名字
中间名
姓氏
6
上述人士是否为填写本表格之人？
是
否
国籍
Taiwan, Province of China
居住地址
街道地址
地址行 2
城市
邮政编码
国家
州/省/地区
Taiwan, Province of China
7
上述地址是一个邮政信箱或是转交地址（例如，这个地址只用作为邮递信件的地址。）吗？
否
邮局信箱
代收地址
两者都是

美国纳税人识别号（美国 TIN）
美国纳税人识别号 (TIN)
美国纳税人识别号 (TIN) 类型
社会保险号 (SSN)
个人纳税识别号 (ITIN)
账户持有人无美国纳税人识别号 (TIN)。
8
籍贯
国籍
出生日期
Taiwan, Province of China
协定优惠
账户持有人是否根据美国与其他国家之间的税收协定要求降低扣缴率？
是
否
9
10
返回
继续
说明
您需要提供 W-8BEN 表来证明您的纳税人身份以用于美国纳税目的。关于 W-8BEN 表的说明可在此处下载。如果您认为此纳税申报表不正确，请点击"返回"以选择其他纳税申报表。
请提供下列所需资料，以便提交纳税申报表的电子版本。如果对电子表格提交过程有任何疑问，请联系此表格的请求人。如果对如何回答以下问题有任何疑问，请咨询您的税务顾问。
身份不变誓章
11
[誓章日期]至今，表格上所提供的资料是否保持不变？
是
否
12
本人声明以下内容属实，否则愿受法律制裁：本人已经检视并签署了此表格，表格中包含的信息和证明是为了确定美国国内税收法规第 3、4、61 章中规定的纳税身份，且从[誓章日期]至今，这些信息与证明未曾发生改变并保持真实、正确及完整。

接受电子签署方式

⑬

☑ 本人同意根据 相关要求以电子方式签署有关文件

签署 W-8BEN 表(预览表格)

⑭ *勾选以下复选框，以证明下列陈述属实:*

☑ 本人特此声明，本人已详细检视此表格内所载信息，且根据本人所知所信，保证此内容真实、准确与完整，否则愿受法律制裁。

⑮ *本人进一步声明以下内容为实，否则愿受法律制裁：*

☑ 本人是此表格所涉及全部收入的实益拥有人（或获授权代表实益拥有人签名的个人），或正利用此表格证明自己符合第 4 章身份，

☑ 此表格第 1 行所列个人不是美国人，

☑ 此表格所涉及的收入：
(a) 与在美国境内的贸易或商业无实际关联；
(b) 即使收入与美国境内的贸易或商业有关，亦可根据相关所得税协定而无须缴付任何所得税；
(c) 为合伙人在合伙企业实际相关收入中的份额。

☑ 此表格第 1 行所列个人是此表格第 9 行（如有）所列协定国家的居民，该国家符合与美国达成所得税协定国家之含义；

⑯

☑ 对于经纪交易或易货交易而言，实益拥有人为表格说明中所定义的获豁免的外国人。

⑰ *此外，本人：*

☑ 授权将此表格提交至对表格中申报收入拥有控制、收取或保管权力的预扣税款代理人，或对本人为实益拥有人之收入拥有发放或支付权力的预扣税款代理人。

☑ 本人同意，若此表格上的任何声明信息有误，本人将于30天内补交一张新表格。

电子签名

签署人名字 | 签署人姓氏 ⑱

輸入申請人的英文姓名

⑲

返回 完成

請記得勾選同意（見上頁圖），後續所有文件皆可以電子簽名（輸入英文姓名方式）。

開心！終於填完了！看到狀態顯示「已提交」就表示完成。請按右上角 **Close**，回到帳戶申請畫面。

步驟十四 請點選「客戶協議／電子簽名」，並依下圖設定，完成按「提交」即可。

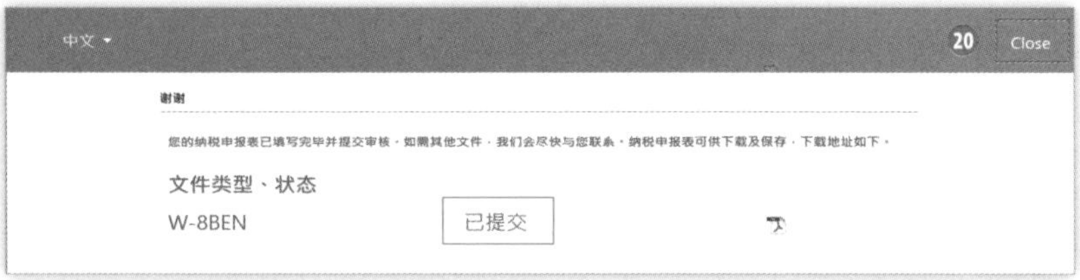
中文
20
Close
谢谢
您的纳税申报表已填写完毕并提交审核，如需其他文件，我们会尽快与您联系。纳税申报表可供下载及保存，下载地址如下。
文件类型、状态
W-8BEN
已提交

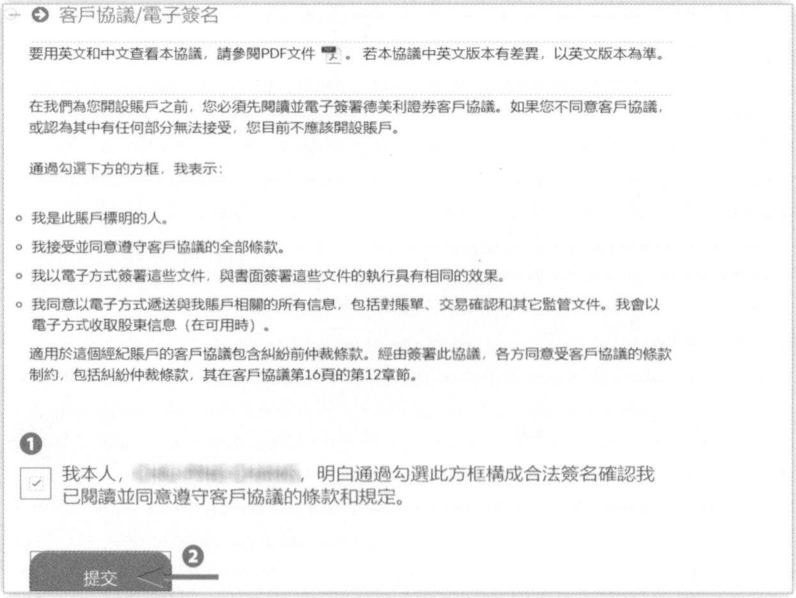
客戶協議/電子簽名
要用英文和中文查看本協議，請參閱PDF文件 。若本協議中英文版本有差異，以英文版本為準。
在我們為您開設賬戶之前，您必須先閱讀並電子簽署德美利證券客戶協議。如果您不同意客戶協議，或認為其中有任何部分無法接受，您目前不應該開設賬戶。
通過勾選下方的方框，我表示：
我是此賬戶標明的人。
我接受並同意遵守客戶協議的全部條款。
我以電子方式簽署這些文件，與書面簽署這些文件的執行具有相同的效果。
我同意以電子方式遞送與我賬戶相關的所有信息，包括對賬單、交易確認和其它監管文件。我會以電子方式收取股東信息（在可用時）。
適用於這個經紀賬戶的客戶協議包含糾紛前仲裁條款。經由簽署此協議，各方同意受客戶協議的條款制約，包括糾紛仲裁條款，其在客戶協議第16頁的第12章節。
1
我本人，，明白通過勾選此方框構成合法簽名確認我已閱讀並同意遵守客戶協議的條款和規定。
2
提交

步驟十五 最後一步啦！請將身分證明及地址證明文件上傳就大功告成啦！快拿出你的證件，拍照上傳吧！

請記得護照除照片與個人資訊頁，也須有**簽名頁**；若是上傳身分證，則需有**正反兩面**。住址證明可使用駕照、水電瓦斯費帳單、信用卡帳單等。完成上傳會看到時間戳記。

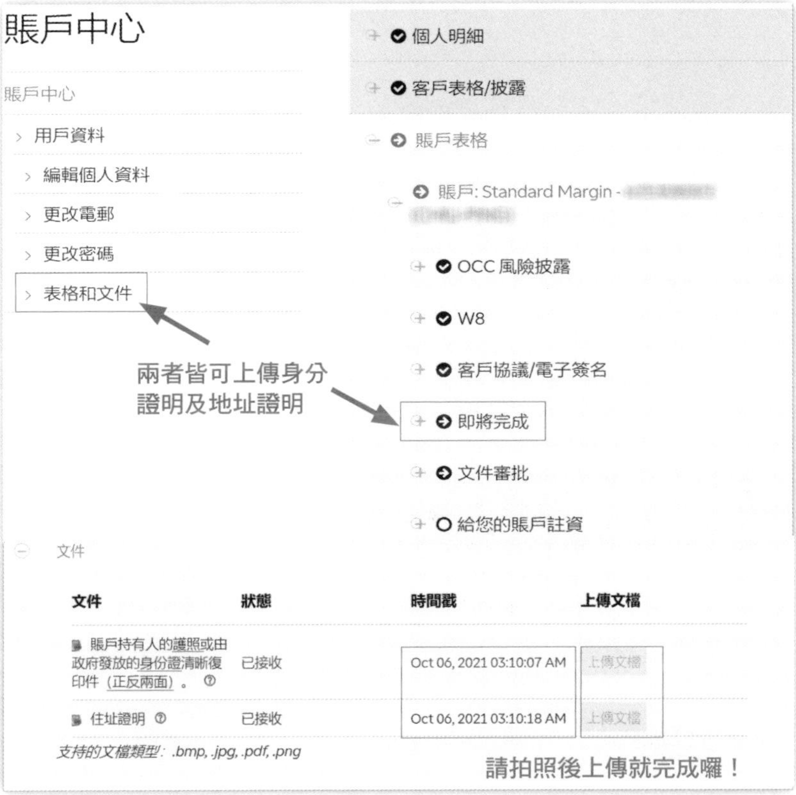
賬戶中心
賬戶中心
用戶資料
編輯個人資料
更改電郵
更改密碼
表格和文件
兩者皆可上傳身分證明及地址證明
個人明細
客戶表格/披露
賬戶表格
賬戶: Standard Margin -
OCC 風險披露
W8
客戶協議/電子簽名
即將完成
文件審批
給您的賬戶註資
文件
文件
狀態
時間戳
上傳文檔
賬戶持有人的護照或由政府發放的身份證清晰復印件（正反兩面）。
已接收
Oct 06, 2021 03:10:07 AM
上傳文檔
住址證明
已接收
Oct 06, 2021 03:10:18 AM
上傳文檔
支持的文檔類型: .bmp, .jpg, .pdf, .png
請拍照後上傳就完成囉！

到這裡就真的就是完完整整的完成了開戶流程囉！接下來就交給TD進行資料審核。審核通過會收到TD綠底白字的Email通知，就可以準備入金，開啟你的美股人生！

（本文引用自《單親雙寶媽買美股，每月加薪3萬》，大是文化出版。）

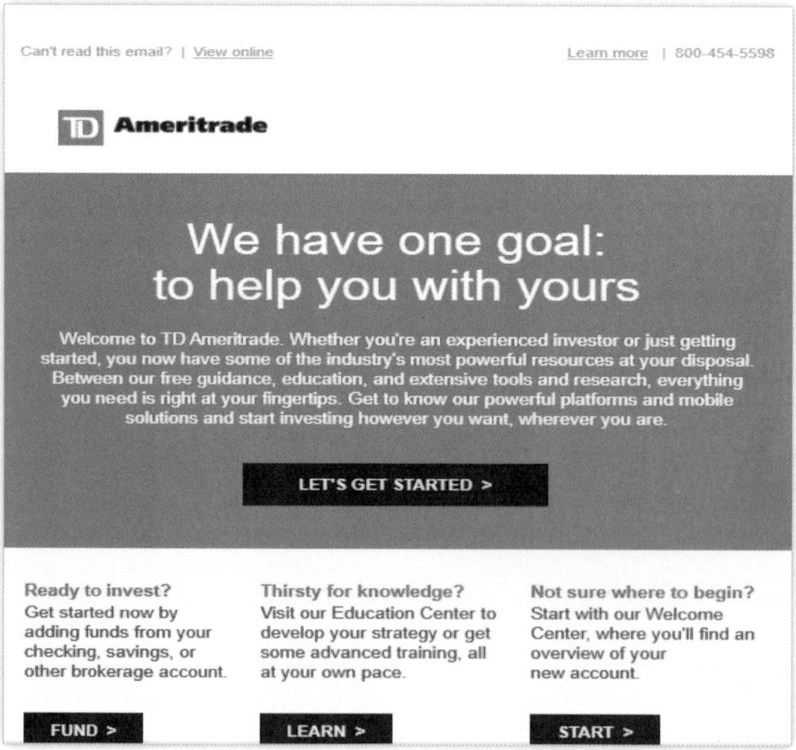

國家圖書館出版品預行編目（CIP）資料

美股獲利入門，睡覺時間賺遍全世界：精選25檔增利股，年年發股利，提前布局未來四騎士，大賺價差。/上本敏雅著；李貞慧譯. -- 初版. -- 臺北市：大是文化有限公司，2022.02

240面；17×23公分（Biz；384）

譯自：超ど素人がはじめる米国株

ISBN 978-626-7041-50-5（平裝）

1. 股票投資　2. 證券市場　3. 美國

563.53　　110018472

Biz 384
美股獲利入門，睡覺時間賺遍全世界
精選25檔增利股，年年發股利，提前布局未來四騎士，大賺價差。

作　　者／上本敏雅
譯　　者／李貞慧
內文插圖／Yoji Imai
責任編輯／張祐唐
校對編輯／蕭麗娟
美術編輯／林彥君
副總編輯／顏惠君
總 編 輯／吳依瑋
發 行 人／徐仲秋
會計助理／李秀娟
會　　計／許鳳雪
版權專員／劉宗德
版權經理／郝麗珍
行銷企劃／徐千晴
業務助理／李秀蕙
業務專員／馬絮盈、留婉茹
業務經理／林裕安
總 經 理／陳絜吾

出 版 者／大是文化有限公司
臺北市100衡陽路7號8樓
編輯部電話：（02）2375-7911
購書相關資訊請洽：（02）2375-7911 分機122
24小時讀者服務傳真：（02）2375-6999
讀者服務E-mail：haom@ms28.hinet.net
郵政劃撥帳號／19983366　戶名／大是文化有限公司

法律顧問／永然聯合法律事務所
香港發行／豐達出版發行有限公司 Rich Publishing & Distribution Ltd
地址：香港柴灣永泰道70號柴灣工業城第2期1805室
Unit 1805,Ph .2,Chai Wan Ind City,70 Wing Tai Rd,Chai Wan,Hong Kong
Tel：2172-6513　Fax：2172-4355
E-mail：cary@subseasy.com.hk

封面設計／林雯瑛
內頁排版／陳相蓉
印　　刷／緯峰印刷股份有限公司
出版日期／2022年2月初版
定　　價／新臺幣400元
ISBN／978-626-7041-50-5（平裝）
電子書ISBN／9786267041741（PDF）
9786267041758（EPUB）

Printed in Taiwan

超ど素人がはじめる米国株
(Cho Doshiroto ga Hajimeru Beikokukabu : 6664-3)